W. Raps

Gesetz über den Beruf der Ergotherapeutin und
des Ergotherapeuten

CIP-Kurztitelaufnahme der Deutschen Bibliothek

Raps, Wolfgang

Gesetz über den Beruf der Ergotherapeutin und des Ergotherapeuten
und Ausbildungs- und Prüfungsverordnung: (Kommentar) /
erl. von Wolfgang Raps. – Reha-Verlag, Remagen

ISBN 3-88239-003-4

Verlag: Reha-Verlag GmbH, Baumschulenweg 11, 53424 Remagen
           Tel.: 0 26 42 / 99 26 96, Fax: 0 26 42 / 99 26 52
           email: reha-verlag-bonn@t-online.de

Printed in Germany

ISBN 3-88239-003-4

GESETZ ÜBER DEN BERUF DER ERGOTHERAPEUTIN UND DES ERGOTHERAPEUTEN

und

AUSBILDUNGS- UND PRÜFUNGSVERORDNUNG

erläutert
von

Wolfgang RAPS
Regierungsdirektor a. D.
ehem. Bundesministerium für Gesundheit

Reha-Verlag GmbH, 53424 Remagen

Inhaltsverzeichnis

Abkürzungen

ABl. EG	=	Amtsblatt der Europäischen Gemeinschaften
Abs.	=	Absatz
Art.	=	Artikel
BAT	=	Bundes-Angestelltentarifvertrag
BeArbThG	=	Beschäftigungs und Arbeitstherapeutengesetz
BeArbThAPrO	=	Ausbildungs- und Prüfungsordnung für Beschäftigungs- und Arbeitstherapeuten
BGBl. I	=	Bundesgesetzblatt, Teil I
BR-Drucks.	=	Bundesrats-Drucksache
BT-Drucks.	=	Bundestags-Drucksache
ErgThAPrV	=	Ergotherapeuten-Ausbildungs- und Prüfungsverordnung
ErgThG	=	Ergotherapeutengesetz
GG	=	Grundgesetz
Nds. MBl.	=	Niedersächsisches Ministerialblatt
OWiG	=	Gesetz über Ordnungswidrigkeiten
vgl.	=	vergleiche
VO	=	Verordnung

I. Einführung

a) Zu den bisherigen Auflagen zum Beschäftigungs- und Arbeitstherapeutengesetz

In einer modernen Medizin, in der die Rehabilitation des kranken und behinderten Menschen immer größeren Raum einnimmt, ist die Beschäftigungs- und Arbeitstherapie nicht mehr wegzudenken. Zusammen mit der Krankengymnastik ist die Beschäftigungs- und Arbeitstherapie eine der wichtigsten Heilmaßnahmen der Rehabilitation von Kranken und Behinderten. Unter ärztlicher Überwachung sollen sie dazu dienen, die Wiederherstellung und den bestmöglichen Gebrauch aller Funktionen von Körper und Geist zu fördern, mit dem Ziel, kranken und behinderten Menschen zu helfen, ihre beruflichen, sozialen und häuslichen Bedürfnisse zu erfüllen und am Leben in seinem umfassendsten Sinn teilhaben zu können.

Beschäftigungstherapie wird vornehmlich dort wirksam, wo es um die Förderung von Grundfunktionen beim Kranken und Behinderten und das Teilhaben am Alltagsleben geht, während die Arbeitstherapie auf die Wiederherstellung der Arbeitsfähigkeit ausgerichtet ist. Zwischen beiden bestehen seit langem fließende Übergänge. Eine völlige Verkennung des Wesens der Beschäftigungs- und Arbeitstherapie würde es bedeuten, wollte man zwischen beiden einen Wertunterschied machen. Beide Methoden müssen, bei aller Notwendigkeit einer sorgfältigen Trennung in der Indikationsstellung, neben und miteinander wirken und sich gegenseitig ergänzen. Dabei bereitet jedoch nicht die Verbindung, sondern die Unterscheidung der maßgeblichen Gesichtspunkte im klinischen Alltag die meisten Schwierigkeiten.

Dennoch lohnt es sich, Überlegungen darüber anzustellen, ob nicht nur von einer allgemeinen Beschäftigung des Kranken überhaupt und einer gezielten Beschäftigungstherapie gesprochen werden sollte.

Das Verständnis für eine wissenschaftlich und psychologisch ausgerichtete, über pragmatische Gesichtspunkte hinausgewachsene Beschäftigungstherapie wird erleichtert, wenn man in der Medizingeschichte ihre nicht immer geradlinig verlaufene Entwicklung verfolgt und sich dabei an einigen besonders herausragenden Daten orientiert.

Die Anwendung von Beschäftigung und Arbeit als eine der therapeutischen Möglichkeiten bei der Behandlung von Kranken und Behinderten, insbesondere auch bei Geistesgestörten, ist keine Entdeckung unseres Jahrhunderts, wie gelegentlich behauptet wird. Auch sind die Anfänge einer Beschäftigungstherapie nicht allein darin zu suchen, dass es in den meisten Krankenhäusern von je her üblich war, zur Überwindung der Langeweile die Kranken mit einfachen Arbeiten bei der Versorgung anderer Insassen zu beschäftigen. Vielmehr lassen sich Ursprünge derartiger Behandlungsweisen schon vor und um die Zeitenwende nachweisen. So finden sich bei Asklepiades (2. Jahrhundert v. Chr.) und in den Schriften des römischen Arztes Claudius Galenus (Galen) von Pergamon (129 - 199 n. Chr.) erste Hinweise für die Behandlung psychisch Kranker mit Musik, Beschäftigung und Arbeit. Galen bekannte sich zu der Ansicht, dass Arbeit die beste Medizin sei. Von den Arabern, die im Mittelalter die Heilkunde vertraten, soweit diese wissenschaftlich betrieben wurde, waren sehr frühzeitig Spitäler zur stationären Behandlung kranker und gebrechlicher Menschen eingerichtet worden. Als bedeutendster Vertreter der arabischen Medizin kann Avicenna (arabisch Ibn Sina, 980 - 1037 n. Chr.) angesehen werden. Bereits im 7. Jahrhundert n. Chr. gab es in Marokko in Fez ein solches Krankenhaus. Aus Bagdad wird im 12. Jahrhundert von einem Palast "Das Haus der Barmherzigkeit" berichtet, das insbesondere auch der Betreuung von Geisteskranken diente.

In allen diesen Krankenhäusern wurden die Patienten mit arbeits- und beschäftigungstherapeutischen Maßnahmen behandelt. Abendländische Kreuzfahrer waren von der Zahl und der Zweckmäßigkeit dieser Krankenhäuser bei den Mohammedanern beeindruckt, wie aus manchen Beschreibungen über die Kreuzzüge hervorgeht.

Unter dem Einfluss der Araber waren es die Spanier, welche in Europa als erste mit gutem Beispiel vorangingen, in den von ihnen errichteten Spitälern Arbeit als Heilmittel einzuführen. Die Brüder des Ordens "De la merced", die sich zur Aufgabe gemacht hatten, christliche Gefangene von den Ungläubigen loszukaufen, lernten diese Einrichtungen kennen und ihren Wert zu schätzen. Durch das Bemühen dieses Ordens wurden im 15. Jahrhundert auf der iberischen Halbinsel zahlreiche psychiatrische Krankenhäuser gegründet. Bereits im Jahre 1410 wurde in der Hauptstadt des Königreichs Arragonien in Saragossa in dem Spital "Urbis et orbis" eine systematische Arbeitstherapie eingeführt. Es sollte aber noch sehr lange Zeit vergehen, ehe sich diese Erkenntnisse im übrigen Abendland durchsetzen 6konnten.

Im 18. Jahrhundert waren es Psychiater, die versuchten, ihren Kranken durch eine arbeitstherapeutisch orientierte Behandlung zu helfen. Als Wegbereiter zu diesem Schritt können für viele andere Philippe Pinel (1745 - 1826) in Frankreich und John Conolly (1794 - 1866) in England genannt werden. In Frankreich hatte die Irrenanstalt "Bictre" bei Paris im Jahre 1832 eine Molkerei erworben, auf der etwa 100 Geisteskranke mit Ackerbau beschäftigt wurden. Auch in Deutschland ging man, wenn auch zögernd, an die Schaffung ähnlicher Einrichtungen heran. So wurden im Jahre 1864 im Dorf Einem, 4 km von Hildesheim entfernt, und im Jahre 1875 in Altscherbitz bei Leipzig Geisteskranke zu landwirtschaftlichen Arbeiten herangezogen. Mit Erfolg wurde Arbeits- und Beschäftigungstherapie in der Westfälisch-evangelischen Heilerziehungs- und Heil- und Pflegeanstalt der Inneren Mission Wittekindshof bei Oeynhausen betrieben.

In der Tuberkuloseheilkunde hatten Auguste Rollier (1874 -1954) in der Schweiz und Hanns Alexander (1881 - 1955) in Deutschland arbeitstherapeutische Maßnahmen in den Behandlungsplan für ihre Kranken eingeführt. Sehr frühzeitig hat sich die Lungenheilstätte Herrnprotsch bei Breslau diesem Problem gewidmet. Nach dem Vorbild einer in England (Papworth) bestehenden Einrichtung wurde dort 1928 eine Werkstättensiedlung eingerichtet, in der Tuberkulosekranke wohnen und arbeiten konnten.

Erst Hermann Simon (1867 - 1947) sollte jedoch der Arbeitstherapie in den zwanziger Jahren dieses Jahrhunderts eine wissenschaftliche Grundlage geben. In der von ihm von 1920 bis 1934 geleiteten Anstalt Gütersloh hat er mustergültige arbeitstherapeutische Einrichtungen geschaffen. Mit einem aufsehenerregenden Bericht über seine Methoden, durch Arbeit Geisteskranke zu einem gesitteten und verantwortungsbewußten Verhalten gegenüber der Umwelt zu erziehen, trat er im Jahre 1924 anlässlich der Tagung des Deutschen Vereins für Psychiatrie in Innsbruck an die Öffentlichkeit.

Obwohl die Arbeitstherapie gerade unter dem Einfluss Simons in Deutschland einen großen Aufschwung genommen hatte, kann die Beschäftigungstherapie nicht als die natürliche Fortführung arbeitstherapeutischer Grundsätze angesehen werden. Eher hat das starke Unbehagen über die Schattenseiten des alten arbeitstherapeutischen Anstaltsregimes, dessen unpersönliche, kollektivistische Atmosphäre, die die Individualität des Einzelnen vernachlässigte und der Welt des Musischen und Spielerischen keinen ausreichenden Platz einräumte, dazu geführt, neben der Beschäftigung mit nützlichen auch eine solche mit schönen Dingen in die Therapie einzuführen. Es blieb der auf die Freiheit des Einzelmenschen ausgerichteten Geisteshaltung der angelsächsischen Nationen vorbehalten, entscheidende Impulse zu grundsätzlich neuen therapeutischen Wegen zu geben. In der Beschäftigungstherapie angelsächsischer Prägung finden die Elemente individuellen, aus eigener Phantasie schöpfenden Schaffens erstmals die erforderliche Berücksichtigung. Auch in Amerika war es die Psychiatrie, die die Entwicklung zu dieser persönlichkeitsorientierten Therapie vorantrieb und gleichzeitig für die Institutionalisierung der Ausbildung von Beschäftigungstherapeuten Sorge trug.

Die erste Schule für Beschäftigungstherapeuten wurde im Jahre 1908 in Chikago errichtet. Sie diente der Ausbildung von Beschäftigungstherapeuten für eine Tätigkeit in Anstalten für Schwachsinnige und Geisteskranke. Die Ausbildung umfasste neben der Vermittlung handwerklicher Fähigkeiten eine Schulung für die Organisation von

Sport und Spiel für die Kranken. Der erste Weltkrieg mit seiner Vielzahl Schwer- und Schwerstbeschädigter, bei denen es galt, vornehmlich funktionelle Störungen zu überwinden und eine Wiedereingliederung in das Berufsleben zu erreichen, brachte der Beschäftigungstherapie in fast allen europäischen Ländern allgemeine Anerkennung. Durch Errichten von Schulen zur Ausbildung von Spezial-Kräften, wobei Großbritannien und die skandinavischen Staaten vorangingen, wird dies deutlich.

Dr. Elisabeth Casson, die als Pionier für die Ausbildung von Beschäftigungstherapeuten bezeichnet wird, gründete im Jahre 1930 in Bristol die erste Schule für Beschäftigungstherapeuten in England. In Dänemark besteht in Kopenhagen seit 1935 eine Ausbildungsstätte für Beschäftigungstherapeuten.

In Deutschland war es erst nach dem Jahre 1945 möglich, sich die älteren und weitgehenderen Erfahrungen des angelsächsischen und skandinavischen Raumes auf diesem Gebiet zu eigen zu machen und mit dem Aufbau einer planmäßigen Ausbildung in der Beschäftigungstherapie zu beginnen. Den Anstoß hierzu gaben die Mitglieder des Englischen Roten Kreuzes, die im April des Jahres 1947 am Versorgungskrankenhaus in Bad Pyrmont den ersten Lehrgang für Beschäftigungstherapeuten einrichteten, der ein Jahr später mit der Prüfung der Lehrgangsteilnehmer abgeschlossen wurde. Weitere derartige Lehrgänge fanden in den folgenden Jahren in Bad Pyrmont statt.

1950 gibt es 15 ausgebildete ETs in ganz DTL.

Im Jahre 1953 wurde durch Professor Lindemann (1901 - 1966) an der Orthopädischen Heil- und Lehranstalt Annastift in Hannover-Kleefeld in Niedersachsen die erste Schule für Beschäftigungstherapeuten in der Bundesrepublik Deutschland aus der Taufe gehoben. In den Bundesländern Bayern, Berlin und Hessen wurden in den Jahren 1959 bis 1963 gleichfalls Lehranstalten für Beschäftigungstherapeuten eröffnet.

Als erstes Land der Bundesrepublik Deutschland regelte Niedersachsen durch Erlass des Niedersächsischen Sozialministers vom 6.

Februar 1953 (Nds.MBI. S.97) und Bekanntmachung vom 4. März 1953 (Nds.MBI. S. 120) die Ausbildung und Prüfung staatlich anerkannter Beschäftigungstherapeuten und die Errichtung von Lehranstalten. Berlin folgte im Jahre 1961 mit Vorläufigen Vorschriften für die Anerkennung geprüfter Beschäftigungstherapeuten vom 1. Oktober 1961, die durch die Verwaltungsvorschriften des Senators für Gesundheitswesen in Berlin über die Anerkennung staatlich geprüfter Beschäftigungstherapeuten vom 17. März 1964 (Amtsbl. für Berlin S. 413) ersetzt wurden. Hessen regelte durch die vorläufigen Vorschriften des Hessischen Ministers für Arbeit, Volkswohlfahrt und Gesundheitswesen vom 28. November 1963 (StAnz.. für das Land Hessen S. 1393) die staatliche Anerkennung von Beschäftigungstherapeuten.

Zwangsläufig ergab es sich daraufhin, dafür Sorge zu tragen, eine einheitliche Entwicklung des Berufsbildes des Beschäftigungs- und Arbeitstherapeuten durch eine planmäßige und qualitativ angemessene Ausbildung im ganzen Bundesgebiet zu sichern und gleichzeitig den Aufbau von Ausbildungsstätten über die Landesgrenzen hinaus zu fördern. Der im Jahre 1954 gegründete Verband staatlich anerkannter Beschäftigungstherapeuten in der Bundesrepublik Deutschland e.V. - er wurde im Jahre 1985 in die Dachorganisation der Berufsverbände dieser Art, die World Federation of Occupational Therapists (WFOT) aufgenommen -hat seine Bemühungen von Anfang an auf dieses Ziel gerichtet.

Das Gesetz über den Beruf des Beschäftigungs- und Arbeitstherapeuten (Beschäftigungs- und Arbeitstherapeutengesetz - BeArbThG) vom 25. Mai 1976 (BGBl. I S. 1246) weicht von der Konzeption der Länderregelungen insofern ab, als ausdrücklich die Arbeitstherapie, wie in Österreich, in die Tätigkeit der Berufsangehörigen einbezogen wurde. An der im Jahre 1959 gegründen Münchener Schule wurden allerdings schon seit 1970 in Erweiterung des Ausbildungsprogrammes Beschäftigungs- und Arbeitstherapeuten (Ergotherapeuten) ausgebildet. Die Erweiterung des Berufsfeldes des Beschäftigungstherapeuten erwies sich als unverzichtbar; sie trägt auch den im Ausland bestehenden Gegebenheiten Rechnung.

Im Rahmen der Rehabilitation kommt der Wiedereingliederung des Patienten in das Arbeits- und Berufsleben eine entscheidende Bedeutung zu. Aus diesem Grunde war die Arbeitstherapie neben der Anregung zu handwerklicher, musischer und geistiger Betätigung in die Ausbildung des Beschäftigungstherapeuten einzubeziehen.

In dem Gesetz wird, wie bei den übrigen Bundesgesetzen für nichtärztliche Heilberufe, der Zugang zum Beruf und die Erteilung der Erlaubnis zur Führung der Berufsbezeichnung für den Beschäftigungs- und Arbeitstherapeuten bundeseinheitlich geregelt. Im Zuge des gesetzgeberischen Verfahrens sind seitens des federführenden Bundesministers für Jugend, Familie und Gesundheit in den Jahren 1973 bis 1976 eine Reihe von Anhörungen einschlägiger Verbände und zahlreicher namhafter Sachverständiger durchgeführt worden. Vor allem galt es dabei, in der Ausbildungs- und Prüfungsordnung für Beschäftigungs- und Arbeitstherapeuten zu ausgewogenen Vorstellungen zu gelangen, um so mehr als hier neben unterschiedlichen Auffassungen sowohl bei einzelnen Angehörigen der Verbände als auch bei den Sachverständigen nicht ausreichende praktische Erfahrungen in der Ausbildung auf dem Gebiet der Arbeitstherapie zu verzeichnen waren.

b) Zur Neuauflage

Mit Artikel 8 des Gesetzes über die Berufe des Psychologischen Psychotherapeuten und des Kinder- und Jugendlichenpsychotherapeuten und zur Änderung des Fünften Buches Sozialgesetzbuch und anderen Gesetzen vom 16. Juni 1998 (BGBl. I S. 1311) hat der Gesetzgeber einem langjährigem Wunsch der Berufsangehörigen und deren Verbänden entsprochen und die Berufsbezeichnungen "Beschäftigungs- und Arbeitstherapeutin" bzw. "Beschäftigungs- und Arbeitstherapeut" durch die Berufsbezeichnungen "Ergotherapeutin" bzw. "Ergotherapeut" ersetzt.

Die Änderung dient der Angleichung der Berufsbezeichnung an die in Europa und inzwischen auch in Deutschland gebräuchliche Bezeichnung. Sie wird von den Berufsangehörigen, insbesondere vom Deutschen Verband der Ergotherapeuten, seit Jahren in der Öffentlichkeit verwendet.

Die auf der Grundlage der Ermächtigung in § 5 des Gesetzes erlassene Ausbildungs- und Prüfungsverordnung vom 2. August 1999 löst die Verordnung vom 23. März 1977 ab. Sie berücksichtigt die Umbenennung der Berufsbezeichnungen und setzt die Richtlinie 89/48/EWG des Rates vom 21. Dezember 1988 über eine allgemeine Regelung zur Anerkennung der Hochschuldiplome, die eine mindestens dreijährige Berufsausbildung abschließen (ABI. EG Nr. L 19 S. 16) und die Richtlinie 92/51 /EWG des Rates vom 18. Juni 1992 über eine zweite allgemeine Regelung zur Anerkennung beruflicher Befähigungsnachweise in Ergänzung zur Richtlinie 89/48/EWG (ABI. EG Nr. L 209 S. 25) in der jeweils geltenden Fassung in deutsches Recht um. Insbesondere aber werden durch die Verordnung die Ausbildungsinhalte an die Entwicklung in der Medizin angepasst und die Mindestanforderungen an die Ausbildung der Ergotherapeuten neu festgelegt.

Die Verordnung gilt für Ausbildungen, die nach dem 1. Juli 2000 begonnen werden.

Bonn, im März 2000

II. Wortlaut des Gesetzes

Gesetz
über den Beruf der Ergotherapeutin und des Ergotherapeuten
(Ergotherapeutengesetz - ErgThG)

Vom 25. Mai 1976 (BGBl. I S. 1246), zuletzt geändert durch
Artikel 24 der Verordnung vom 25. November 2003
(BGBl. I S. 2304)

Der Bundestag hat mit Zustimmung des Bundesrates das folgende Gesetz beschlossen:

I. Abschnitt
Die Erlaubnis

§ 1

Wer eine Tätigkeit unter der Berufsbezeichnung "Ergotherapeutin" oder "Ergotherapeut" ausüben will, bedarf der Erlaubnis.

§ 2

(1) Eine Erlaubnis nach § 1 wird erteilt, wenn der Antragssteller

1. nach einer dreijährigen Ausbildung die staatliche Prüfung für Ergotherapeuten bestanden hat,

2. sich nicht eines Verhaltens schuldig gemacht hat aus dem sich die Unzuverlässigkeit zur Ausübung des Berufs ergibt, und

3. nicht in gesundheitlicher Hinsicht zur Ausführung des Berufs ungeeignet ist.

(2) Durch eine außerhalb des Geltungsbereiches dieses Gesetzes erworbene abgeschlossene Ausbildung wird die Voraussetzung nach Absatz 1 Nr. 1 erfüllt wenn die Gleichwertigkeit des Ausbildungsstandes gegeben ist.

Ist die Gleichwertigkeit des Ausbildungsstandes nicht gegeben oder ist sie nur mit unangemessenem zeitlichen oder sachlichen

Aufwand feststellbar, ist ein gleichwertiger Kenntnisstand nachzuweisen. Der Nachweis wird durch das Ablegen einer Prüfung erbracht, die sich auf den Inhalt des mündlichen und praktischen Teils der staatlichen Prüfung erstreckt.

Bei Anträgen von Staatsangehörigen eines Vertragsstaates des Europäischen Wirtschaftsraumes, die eine Erlaubnis nach §1 beantragen, kann die Gleichwertigkeit des Ausbildungsstandes im Sinne des Satzes 1 auch durch Vorlage eines Diploms, Prüfungszeugnisses oder Befähigungsnachweises belegt werden, wenn die durch diesen Nachweis bescheinigte Ausbildung überwiegend in einem anderen Vertragsstaat des Europäischen Wirtschaftsraumes oder an Ausbildungsstaaten eines Drittlandes, die eine Ausbildung gemäß den Rechts-und Verwaltungsvorschriften eines Mitgliedstaats vermitteln, erworben wurde oder wenn dessen Inhaber eine dreijährige Berufserfahrung hat, die von dem Mitgliedstaat bescheinigt wird, der einen Ausbildungsnachweis eines Drittlandes anerkannt hat.

(3) Die Voraussetzung des Absatzes 1 Nr.1 gilt als erfüllt, wenn der Antragsteller in einem anderen Vertragsstaat des Europäischen Wirtschaftsraumes eine Ausbildung abgeschlossen hat und dies durch Vorlage eines den Mindestanforderungen des Artikels 1 Buchstabe a der Richtlinie 89/48/EWG des Rates vom 21. Dezember 1988 über eine allgemeine Regelung zur Anerkennung der Hochschuldiplome, die eine mindestens dreijährige Berufsausbildung abschließen (ABl. EG Nr. L 19 S.16) in der jeweils geltenden Fassung, oder des Artikels 1 Buchstabe a der Richtlinie 92/51/EWG des Rates vom 18. Juni 1992 über eine zweite allgemeine Regelung zur Anerkennung beruflicher Befähigungsnachweise in Ergänzung zur Richtlinie 89/48/EWG (ABl. EG Nr. L 209 S.25) in der jeweils geltenden Fassung entsprechenden Diploms des betreffenden Vertragsstaates des Europäischen Wirtschaftsraumes nachweist, sofern die Aubildung keine wesentlichen Unterschiede im Vergleich zu der nach dem Gesetz geregelten Ausbildung hinsichtlich ihrer Dauer oder Inhalte aufweist. Antragsteller, deren Ausbildung wesentliche Unterschiede im Sinne des Satzes 1 aufweist, haben einen Anpassungslehrgang zu absolvieren

oder eine Eignungsprüfung abzulegen, wenn nicht ihre nachgewiesene Berufserfahrung zum Ausgleich der festgestellten wesentlichen Unterschiede geeignet ist. Einem Diplom nach Satz 1 wird gleichgestellt ein Prüfungszeugnis, das dem Artikel 1 Buchstabe b der Richtlinie 92/51/EWG entspricht, wenn der Antragsteller nach Maßgabe des Artikels 5 Abs. 2 der genannten Richtlinie einen Anpassungslehrgang abgeschlossen oder eine Eignungsprüfung abgelegt haben. Antragsteller haben das Recht, zwischen dem Anpassungslehrgang und der Eignungsprüfung nach Satz 2 oder 3 zu wählen. Der Anpassungslehrgang darf die Dauer von drei Jahren nicht überschreiten.

(4) Die Absätze 2 und 3 gelten entsprechend für Drittstaaten und Drittstaatsangehörige, soweit sich der Diplomanerkennung nach dem Recht der Europäischen Gemeinschaften eine Gleichstellung ergibt.

§ 3

Die Erlaubnis ist zurückzunehmen, wenn bei ihrer Erteilung die Voraussetzung nach § 2 Abs. 1 Nr. 2 nicht vorgelegen hat, die staatliche Prüfung nicht bestanden oder die Ausbildung nach Abs. 2 nicht abgeschlossen war. Die Erlaubnis kann zurückgenommen werden, wenn bei ihrer Erteilung eine der Voraussetzungen nach § 2 Abs. 1 Nr. 3 nicht vorgelegen hat.

(2) Die Erlaubnis ist zu widerrufen, wenn nachträglich die Voraussetzung nach § 2 Abs. 1 Nr. 2 weggefallen ist.

Die Erlaubnis kann widerrufen werden, wenn nachträglich eine der Voraussetzungen nach § 2 Abs. 1 Nr. 3 weggefallen ist.

§ 4

(1) Eine Ausbildung nach diesem Gesetz wird an staatlich anerkannten Schulen für Ergotherapeuten durchgeführt.

(2) Zur Ausbildung wird zugelassen, wer eine abgeschlossene Realschulbildung, eine andere gleichwertige Ausbildung oder eine nach Hauptschulabschluss abgeschlossene Berufsausbildung von mindestens zweijähriger Dauer nachweist.

(3) Auf die Dauer der Ausbildung werden angerechnet:

1. Unterbrechungen durch Ferien und

2. Unterbrechungen durch Schwangerschaft. Krankheit oder aus anderen, vom Auszubildenden nicht zu vertretenden Gründen bis zur Gesamtdauer von zwölf Wochen.

(4) Die zuständige Behörde kann auf Antrag eine andere Ausbildung im Umfang ihrer Gleichwertigkeit auf die Ausbildung für Ergotherapeuten anrechnen, wenn die Durchführung der Ausbildung und die Erreichung des Ausbildungszieles dadurch nicht gefährdet werden. Eine nach bundesgesetzlichen Vorschriften abgeschlossene Ausbildung als Krankengymnast oder Physiotherapeut oder eine nach landesrechtlichen Vorschriften abgeschlossene Ausbildung als Erzieher ist mit mindestens einem Jahr anzurechnen.

§ 5

(1) Das Bundesministerium für Gesundheit und Soziale Sicherung regelt durch Rechtsverordnung mit Zustimmung des Bundesrates in einer Ausbildungs- und Prüfungsordnung für Ergotherapeuten die Mindestanforderungen an die Ausbildung, das Nähere über die staatliche Prüfung und die Urkunde für die Erlaubnis nach § 1. In der Rechtsverordnung ist vorzusehen, dass der Auszubildende während der Ausbildung an theoretischem und praktischem Unterricht und an einer praktischen Ausbildung teilzunehmen hat. In der Rechtsverordnung kann vorgesehen werden, dass der Schüler bei der Zulassung zur staatlichen Prüfung eine außerhalb der Ausbildung erworbene, bestimmten Erfordernissen entsprechende Ausbildung in Erster Hilfe nachzuweisen hat.

(2) In der Rechtsverordnung nach Absatz 1 ist für Diplominhaber oder Inhaber eines Prüfungszeugnisses, die eine Erlaubnis nach § 2 Abs. 1 Nr. 1 in Verbindung mit § 2 Abs. 2 Satz 2 oder 3 beantragen, zu regeln:

1. das Verfahren bei der Prüfung der Voraussetzungen des § 2 Abs. 1 Nr. 2 und 3, insbesondere die Vorlage der vom Antragsteller

vorzulegenden Nachweise und die Ermittlung durch die zuständige Behörde entsprechend Artikel 6 der Richtlinie 89/48/EWG oder Artikel 10 und 12 Abs. 1 der Richtlinie 92/51/EWG,

2. das Recht von Diplominhabern, nach Maßgabe des Artikels 11 Abs. 2 der Richtlinie 92/51/EWG zusätzlich zu einer Berufsbezeichnung nach § 1 die im Heimat- oder Herkunftsmitgliedstaat bestehende Ausbildungsbezeichnung und, soweit nach dem Recht des Heimat- oder Herkunftsmitgliedstaates zulässig, deren Abkürzung in der Sprache dieses Staates zu führen,

3. die Frist für die Erteilung der Erlaubnis entsprechend Artikel 12 Abs. 2 der Richtlinie 92/51 /EWG.

II. Abschnitt
Zuständigkeiten

§ 6

(1) Die Entscheidungen nach § 2 Abs. 1 trifft die zuständige Behörde des Landes, in dem der Antragsteller die Prüfung abgelegt hat.

(2) Die Entscheidung über die Anrechnung einer Ausbildung nach § 4 Abs. 4 trifft die zuständige Behörde des Landes, in dem der Bewerber an einer Ausbildung teilnehmen will.

(3) Die Landesregierung bestimmt die zur Durchführung dieses Gesetzes zuständigen Behörden.

III. Abschnitt
Bußgeldvorschrift

§ 7

(1) Ordnungswidrig handelt, wer

1. ohne Erlaubnis nach § 1 die Berufsbezeichnung "Ergotherapeutin" oder "Ergotherapeut",

2. ohne Erlaubnis nach § 8 Abs. 2 Satz 1 die Berufsbezeichnung "Beschäftigungstherapeut", "Beschäftigungstherapeutin", "Beschäftigungs- und Arbeitstherapeut (Ergotherapeut)" oder "Beschäftigungs- und Arbeitstherapeutin (Ergotherapeutin)" oder

3. entgegen § 9 Abs. 3 Satz 2 die Berufsbezeichnung "Beschäftigungs- und Arbeitstherapeut" oder "Beschäftigungs- und Arbeitstherapeutin" führt.

(2) Die Ordnungswidrigkeit kann mit einer Geldbuße bis zu zweitausendfünfhundert Euro geahndet werden.

IV. Abschnitt
Übergangsvorschriften

§ 8

(1) Als Erlaubnis im Sinne des § 1 gelten

1. eine auf Grund der in § 10 bezeichneten Bestimmungen erteilte staatliche Anerkennung als "Beschäftigungstherapeut" oder "Beschäftigungstherapeutin",

2. eine durch ein Prüfungs- und Anerkennungszeugnis der Höheren Fachschule für Beschäftigungs- und Arbeitstherapie (Ergotherapie) der Landeshauptstadt München vor Inkrafttreten dieses Gesetzes oder nach Inkrafttreten dieses Gesetzes auf Grund einer vor seinem Inkrafttreten begonnenen Ausbildung verliehene Anerkennung als "Beschäftigungs- und Arbeitstherapeut (Ergotherapeut)" oder "Beschäftigungs- und Arbeitstherapeutin (Ergotherapeutin)" und

3. eine durch ein Prüfungs- und Anerkennungszeugnis der Städtischen Fachschule für Beschäftigungstherapie in München verliehene Anerkennung als "Beschäftigungstherapeut" oder "Beschäftigungstherapeutin".

(2) Eine in Absatz 1 genannte Anerkennung gilt auch als Erlaubnis, statt der Berufsbezeichnung nach § 1 die durch die Anerkennung erworbene Berufsbezeichnung weiterzuführen. § 3 gilt entsprechend.

(3) Eine Ausbildung als "Beschäftigungstherapeut" oder "Beschäftigungstherapeutin ", die vor Inkrafttreten dieses Gesetzes auf Grund der in § 10 bezeichneten Bestimmungen begonnen worden ist, wird nach diesen Bestimmungen abgeschlossen. Die Anerkennung wird in diesen Fällen ebenfalls nach diesen Bestimmungen erteilt.

(4) Wer beim Inkrafttreten dieses Gesetzes mindestens fünf Jahre in der Beschäftigungs- und Arbeitstherapie tätig war, erhält beim Vorliegen der Voraussetzungen des § 2 Abs. 1 Nr. 2 und 3 die Erlaubnis nach § 1, wenn er innerhalb von fünf Jahren nach Inkrafttreten dieses Gesetzes die staatliche Prüfung nach diesem Gesetz ablegt.

§ 8 a

(1) Eine vor dem 1. September 1991 nach der Anordnung über die staatliche Erlaubnis zur Ausübung der medizinischen, pharmazeutischen und sozialen Fachschul- und Facharbeiterberufe vom 7. August 1980 (GBl. I Nr. 26 S. 254) erteilte Erlaubnis als Arbeitstherapeut/in oder eine einer solchen Erlaubnis gleichgestellte Erlaubnis gilt als Erlaubnis nach § 1.

(2) Eine vor dem 1. September 1991 in dem in Artikel 3 des Einigungsvertrages genannten Gebiet begonnene Ausbildung als Arbeitstherapeut/in kann in diesem Gebiet nach den dort bisher geltenden Regeln abgeschlossen werden. Nach Abschluss der Ausbildung erhält der Antragsteller, wenn die Voraussetzungen des § 2 Abs. 1 Nr. 2 und 3 vorliegen, eine Erlaubnis nach § 1.

V. Abschnitt
Schlussvorschriften

§ 9

(1) Eine vor Inkrafttreten dieses Gesetzes erteilte Erlaubnis als

"Beschäftigungs- und Arbeitstherapeut" oder als "Beschäftigungs- und Arbeitstherapeutin" gilt als Erlaubnis nach § 1.

(2) Personen, die vor Inkrafttreten dieses Gesetzes eine Ausbildung zum "Beschäftigungs- und Arbeitstherapeuten" oder zur "Beschäftigungs- und Arbeitstherapeutin" begonnen haben, erhalten nach Abschluss ihrer Ausbildung eine Erlaubnis nach § 1, wenn die Voraussetzungen des § 2 Abs. 1 Nr. 2 und 3 vorliegen.

(3) Beschäftigungs- und Arbeitstherapeuten, die eine Erlaubnis nach dem Beschäftigungs- und Arbeitstherapeutengesetz besitzen, dürfen die Berufsbezeichnung weiterführen. Außer im Falle des Satzes 1 darf die Berufsbezeichnung "Beschäftigungs- und Arbeitstherapeut" oder "Beschäftigungs- und Arbeitstherapeutin" nicht geführt werden.

§ 10

Dieses Gesetz tritt am 1.1.77 in Kraft. Gleichzeitig treten, soweit sich nicht aus § 8 Abs. 3 etwas anders ergibt außer Kraft:

1. die Allg. Anweisung des Senators für Gesundheit und Umweltschutz Berlin über die Ausbildung, staatliche Prüfung und Anerkennung von Beschäftigungstherapeuten v. 9.8.84 (Amtsblatt f. Berlin S. 1052),

2. die vorläufigen Vorschriften des Hess. Ministers für Arbeit, Volkswohlfahrt und Gesundheitswesen über die staatl. Anerkennung von Beschäftigungstherapeuten vom 28.9.63 (St.Anz. für d. Land Hessen, S. 1393) mit Ausnahme des § 4,

3. der Erlass des Niedersächs. Sozialministers über die staatl. Anerkennung als Beschäftigungstherapeut und die Errichtung von Lehranstalten für Beschäftigungstherapie vom 24.3.58 (Nds-MBl. S. 299), zuletzt geändert durch den Erlass des Niedersächs. Sozialministers vom 22.04.70 (Nds. MBl. S. 477), mit Ausnahme des § 4, und die Prüfungsordnung für Beschäftigungstherapeuten zu Abschnitt IV § 8 Abs. 3 des Erlasses vom 24.3. 1958.

III. Erläuterungen

a) zum Ergotherapeutengesetz [1]

I. Abschnitt
Die Erlaubnis

§ 1

Wer eine Tätigkeit unter der Berufsbezeichnung [2] "Ergotherapeutin" oder "Ergotherapeut" ausüben will, bedarf der Erlaubnis [3].

(1) Das Ergotherapeutengesetz wurde aufgrund der Kompetenz-Norm des Art. 74 Nr. 19 GG erlassen, die dem Bund eine konkurrierende Gesetzgebungsbefugnis für die Zulassung zu den ärztlichen und anderen Heilberufen zuweist.

(2) Das Gesetz macht nicht die Ausübung der Ergotherapie von einer Erlaubnis abhängig, sondern lediglich die Führung einer bestimmten Berufsbezeichnung, die es unter besonderen Schutz stellt. Nur wer die Erlaubnis besitzt, darf sich "Ergotherapeutin" oder "Ergotherapeut" nennen, unabhängig davon, welche Tätigkeit er tatsächlich ausübt. Wer die Berufsbezeichnung führt, ohne die Erlaubnis zu besitzen, handelt ordnungswidrig und kann mit einer Geldbuße bestraft werden (siehe § 7).

Eine aufgrund des bisherigen Rechts erteilte Erlaubnis gilt als Erlaubnis nach § 1 (siehe § 8).

(3) Die Erteilung der Erlaubnis ist ein Verwaltungsakt, der von den in § 6 bezeichneten Behörden getroffen wird. Die Ausbildungs- und Prüfungsverordnung enthält ein Muster für die Erlaubnisurkunde. Die Erlaubnis berechtigt zur Führung der Berufsbezeichnung im gesamten Bundesgebiet.

Die Anerkennung der Ausbildung im Ausland richtet sich nach den Vorschriften des jeweiligen Landes, in dem die Berufstätigkeit ausgeübt werden soll.

§ 2

(1) Eine Erlaubnis nach § 1 wird erteilt [1], wenn der Antragsteller,

1. nach einer dreijährigen Ausbildung [2] die staatliche Prüfung [3] für Ergotherapeuten bestanden hat,

2. sich nicht eines Verhaltens schuldig gemacht hat, aus dem sich die Unzuverlässigkeit zur Ausübung des Berufs ergibt [4], und

3. nicht nicht in gesundheitlicher Hinsicht zur Ausführung des Berufs ungeeignet ist. [5]

(2) Durch eine außerhalb des Geltungsbereiches dieses Gesetzes [6] abgeschlossene Ausbildung [7] wird die Voraussetzung nach Absatz 1 Nr. 1 erfüllt [8], wenn die Gleichwertigkeit des Ausbildungsstandes [9] gegeben ist. Ist die Gleichwertigkeit des Ausbildungsstandes nicht gegeben oder ist sie nur mit unangemessenem zeitlichen oder sachlichen Aufwand feststellbar, ist ein gleichwertiger Kenntnisstand nachzuweisen. Der Nachweis wird durch das Ablegen einer Prüfung erbracht, die sich auf den Inhalt des mündlichen und praktischen Teils der staatlichen Prüfung erstreckt. Bei Anträgen von Staatsangehörigen eines Vertragsstaates des Europäischen Wirtschaftsraumes, die eine Erlaubnis nach §1 beantragen, kann die Gleichwertigkeit des Ausbildungsstandes im Sinne des Satzes 1 auch durch Vorlage eines Diploms, Prüfungszeugnisses oder Befähigungsnachweises belegt werden, wenn die durch diesen Nachweis bescheinigte Ausbildung überwiegend in einem anderen Vertragsstaat des Europäischen Wirtschaftsraumes oder an Ausbildungsstaaten eines Drittlandes, die eine Ausbildung gemäß den Rechts- und Verwaltungsvorschriften eines Mitgliedstaats vermitteln, erworben wurde oder wenn dessen Inhaber eine dreijährige Berufserfahrung hat, die von dem Mitgliedstaat bescheinigt wird, der einen Ausbildungsnachweis eines Drittlandes anerkannt hat.

(3) Die Voraussetzung des Absatzes 1 Nr.1 gilt als erfüllt, wenn der Antragsteller in einem anderen Vertragsstaat des Europäischen Wirtschaftsraumes eine Ausbildung abgeschlossen hat und dies durch Vorlage eines den Mindestanforderungen des Artikels 1 Buchstabe a der Richtlinie 89/48/EWG des Rates vom 21. Dezember 1988 über eine allgemeine Regelung zur Anerkennung der Hochschuldiplome, die eine mindestens dreijährige Berufsausbildung abschließen (ABl. EG Nr. L 19 S.16) in der jeweils geltenden Fassung, oder des Artikels 1 Buchstabe a der Richtlinie 92/51/EWG des Rates vom 18. Juni 1992 über eine zweite allgemeine Regelung zur Anerkennung beruflicher Befähigungsnachweise in Ergänzung zur Richtlinie 89/48/EWG (ABl. EG Nr. L 209 S.25) in der jeweils geltenden Fassung entsprechenden Diploms des betreffenden Vertragsstaates des Europäischen Wirtschaftsraumes nachweist, sofern die Aubildung keine wesentlichen Unterschiede im Vergleich zu der nach dem Gesetz geregelten Ausbildung hinsichtlich ihrer Dauer oder Inhalte aufweist. Antragsteller, deren Ausbildung wesentliche Unterschiede im Sinne des Satzes 1 aufweist, haben einen Anpassungslehrgang zu absolvieren oder eine Eignungsprüfung abzulegen, wenn nicht ihre nachgewiesene Berufserfahrung zum Ausgleich der festgestellten wesentlichen Unterschiede geeignet ist. Einem Diplom nach Satz 1 wird gleichgestellt ein Prüfungszeugnis, das dem Artikel 1 Buchstabe b der Richtlinie 92/51/EWG entspricht, wenn der Antragsteller nach Maßgabe des Artikels 5 Abs. 2 der genannten Richtlinie einen Anpassungslehrgang abgeschlossen oder eine Eignungsprüfung abgelegt haben. Antragsteller haben das Recht, zwischen dem Anpassungslehrgang und der Eignungsprüfung nach Satz 2 oder 3 zu wählen. Der Anpassungslehrgang darf die Dauer von drei Jahren nicht überschreiten.

(4) Die Absätze 2 und 3 gelten entsprechend für Drittstaaten und Drittstaatsangehörige, soweit sich der Diplomanerkennung nach dem Recht der Europäischen Gemeinschaften eine Gleichstellung ergibt. [10]

(1) Wenn alle hier genannten Voraussetzungen vorliegen, besteht für den Bewerber ein Rechtsanspruch auf Erteilung der Erlaubnis. Der Rechtsanspruch kann erforderlichenfalls gegen die zuständige Behörde vor dem Verwaltungsgericht eingeklagt werden. Ist indessen nur eine der aufgezählten Voraussetzungen nicht erfüllt, kann die Erlaubnis nicht erteilt werden.

(2) Die Mindestanforderungen an die Ausbildung und das Nähere über die staatliche Prüfung hat der Bundesminister für Jugend, Familie und Gesundheit aufgrund der Ermächtigung in § 5 durch Rechtsverordnung mit Zustimmung des Bundesrates geregelt (siehe ErgThAPrV unter III b).

Eine andere Ausbildung, die nicht nach den in § 10 aufgeführten Bestimmungen erworben worden ist, kann nur im Rahmen des § 4 Abs. 4 auf die Ausbildung angerechnet werden; die zuständige Behörde muss die Anrechnung ausdrücklich bestätigen.

(3) Die Prüfung wird vor einem staatlichen Prüfungsausschuss abgelegt, und zwar in der Regel vor dem Prüfungsausschuss bei der Schule, an der der Prüfling die Ausbildung abgeschlossen hat (siehe § 2 Abs. 3 ErgThAPrV).

(4) Hier werden die charakterlichen Eigenschaften des Bewerbes als Voraussetzung für die Erlaubniserteilung angesprochen. Das "Verhalten, aus dem sich die Unzuverlässigkeit zur Ausübung des Berufs ergibt", bezieht sich dabei nur auf ein ganz bestimmtes, mit dem Beruf des Ergotherapeuten in engem Zusammenhang stehendes Verhalten. Ganz allgemein nach üblicher Anschauung oder aufgrund strafrechtlicher Maßstäbe fehlerhaftes Verhalten ist für sich allein kein Versagungsgrund im Sinne dieser Vorschrift. Es müssen vielmehr Umstände vorliegen, aus denen unter Berücksichtigung der Eigenart des Berufs gefolgert werden muß, daß bei dem Bewerber die nötige Zuverlässigkeit zur Ausübung des Berufs des Ergotherapeuten nicht zu erwarten ist.

(5) Auch bei der Beurteilung der gesundheitlichen Eignung (Abs. 1 Nr. 3) zur Ausübung des Berufs müssen im Hinblick auf die differenzierte und verantwortliche Tätigkeit strenge Anforderungen gestellt werden. "Gesundheitlich ungeeignet" kann zum Beispiel derjenige sein, der die in Betracht kommenden Tätigkeiten möglicherweise tatsächlich noch verrichten könnze, bei dem aber wegen eines Leidens oder einer Sucht diese Fähigkeit jederzeit in Frage gestellt werden kann. Bei der Entscheidung über die Frage, ob die gesundheitliche Eignung gegeben ist, wird sich die Behörde auf eine ärztliche Untersuchung und ein entsprechendes medizinisches Gutachten stützen müssen. Der Bewerber kann zwar nicht gezwungen werden, sich ärztlich untersuchen zu lassen. Die Behörde kann jedoch die Erteilung der Erlaubnis so lange zurückstellen, bis der Nachweis erbracht ist, dass Eignung und Fähigkeit zur Ausübung des Berufs des Ergotherapeuten gegeben sind.

(6) Das Gesetz gilt in der gesamten Bundesrepublik Deutschland. Es wird kein Unterschied gemacht zwischen Deutschen und ausländischen Staatsangehörigen. Die Ausbildung kann im Ausland oder auch in der ehemaligen DDR erworben sein.

(7) Eine "abgeschlossene" Ausbildung im Sinne dieser Vorschrift ist in der Regel dann anzunehmen, wenn der Bewerber berechtigt ist, in dem Land, in dem er seine Ausbildung erworben hat, uneingeschränkt den Beruf des Ergotherapeuten auszuüben. Die Berufsbezeichnung ist dabei nur insofern von Bedeutung, als sich daraus die Vergleichbarkeit mit dem durch das ErgThG geregelten Beruf ableiten lässt. Eine nicht abgeschlossene Ausbildung kann nur im Rahmen des § 4 Abs. 4 auf die Ausbildung angerechnet werden.

(8) Durch die Formulierung "wird die Voraussetzung nach Abs. 1 Nr. 1 erfüllt", wird der Bewerber mit einer im Ausland oder in der ehem. DDR erworbenen, den Voraussetzungen entsprechenden Ausbildung dem Bewerber mit einer Ausbildung nach den Vorschriften dieses Gesetzes gleichgestellt. Es besteht daher ein Rechtsanspruch auf Erteilung der Erlaubnis, wenn die Ausbildung abgeschlossen ist,

Gleichwertigkeit des Ausbildungsstandes anerkannt wird und die übrigen Voraussetzungen gegeben sind.

(9) Die Ausbildung muss nicht gleichwertig sein. Nach der Ausbildung erworbene Kenntnisse und Fähigkeiten können berücksichtigt werden, beispielsweise eine gewisse Zeit der Tätigkeit im Beruf, während der etwa noch fehlende Kenntnisse vermittelt worden sein können, so dass man von einem gleichwertigen Stand der Ausbildung ausgehen kann. Ansonsten kann die Gleichwertigkeit des Ausbildungsstandes auch durch eine Prüfung nachgewiesen werden.

(10) Die Absätze 3 und 4 dienen der Umsetzung von EU-Recht. Durch die grundsätzliche Anerkennung der Ausbildungsnachweise in den Mitgliedstaaten wird die Freizügigkeit der Berufsangehörigen in Europa gewährleistet.

§ 3

(1) Die Erlaubnis ist zurückzunehmen, wenn bei ihrer Erteilung die Voraussetzung nach § 2 Abs. 1 Nr. 2 nicht vorgelegen hat [1]**, die staatliche Prüfung nicht bestanden** [2] **oder die Ausbildung nach § 2 Abs. 2 nicht abgeschlossen war** [3]**. Die Erlaubnis kann zurückgenommen werden, wenn bei ihrer Erteilung eine der Voraussetzungen nach § 2 Abs. 1 Nr. 3 nicht vorgelegen hat** [4]**.**

(2) Die Erlaubnis ist zu widerrufen, wenn nachträglich die Voraussetzung nach § 2 Abs. 1 Nr. 2 weggefallen ist [5]**.**

(3) Die Erlaubnis kann widerrufen werden, wenn nachträglich eine der Voraussetzungen nach § 2 Abs. 1 Nr. 3 weggefallen ist [6]**.**

In § 3 sind Rücknahme und Widerruf der Erlaubnis geregelt. Das Gesetz enthält keine Vorschrift über die Wiedererteilung einer zurückgenommenen oder widerrufenen Erlaubnis. Eine solche Vorschrift wurde für entbehrlich gehalten, weil die Erlaubnis stets beantragt werden kann, wenn die Voraussetzungen des § 2 vorliegen.

(1) Die Erlaubniserteilung ist zwar grundsätzlich als begünstigender Verwaltungsakt unwiderruflich und kann auch nicht befristet oder mit Auflagen versehen werden. Stellt sich jedoch heraus, dass die Zuverlässigkeit zur Ausübung des Berufs schon zum Zeitpunkt der Erlaubniserteilung nicht gegeben war, so muss die zuständige Behörde die Erlaubnis zurücknehmen. Sie hat insoweit keinen Ermessensspielraum. Es kommt hierbei im Unterschied zur Regelung in Absatz 2 darauf an, dass die Gründe, deren Vorhandensein bei Kenntnis der Behörde zur Versagung der Erlaubnis geführt hätten, bereits bei der Erteilung der Erlaubnis vorhanden gewesen sein müssen. Sie dürfen nicht nachträglich erst entstanden sein. Gleichgültig ist, ob die Behörde vorhandene Versagungsgründe nicht erkannt hat oder ob sie durch Verschweigen von Tatsachen getäuscht wurde. Auch wenn der Bewerber sich bei seinen Angaben in gutem Glauben befunden hat (also nicht bewusst und schuldhaft Tatsachen verschwiegen hat), muss die Erlaubnis zurückgenommen werden, wenn sich herausstellt, dass bereits bei Erlaubniserteilung Gründe vorhanden waren, die eine Erteilung der Erlaubnis nicht ermöglicht hätten. Hat dagegen die Behörde ein bei Erlaubniserteilung schon erkennbares Verhalten, aus dem sich die Unzuverlässigkeit zur Ausübung des Berufs ergibt, nicht als Verhalten in diesem Sinne gewertet, so kann sie die Erlaubnis nachträglich nicht zurücknehmen.

(2) Wer die staatliche Prüfung nicht bestanden hat, kann nach § 2 Abs. 1 Nr. 1 keine Erlaubnis erhalten. Wurde infolge eines Irrtums oder einer Täuschung der Behörde die Erlaubnis erteilt, obwohl die Prüfung nicht bestanden war, so muss die Erlaubnis zurückgenommen werden. Ein solcher Fall kann auch dann eintreten, wenn der Prüfling sich eines Täuschungsverhaltens während der Prüfung schuldig gemacht hat, diese Tatsache aber erst später erwiesen wird und die Prüfung nach den Regelungen der Ausbildungs- und Prüfungsverordnung nachträglich insgesamt als "nicht bestanden" erklärt wird.

(3) Eine Rücknahme der Erlaubnis muss auch dann erfolgen, wenn sich herausstellt, dass die im Ausland oder in der ehem. DDR erwor-

bene Ausbildung entgegen der ursprünglichen Annahme nicht abgeschlossen war. Kein Grund zur Rücknahme besteht hingegen, wenn die Ausbildung zwar abgeschlossen, aber Gleichwertigkeit des Ausbildungsstandes (vgl. Erläuterung 11 zu § 2) nicht gegeben war.

(4) Die Erlaubnis muss nicht zwingend zurückgenommen werden, wenn bei ihrer Erteilung die Voraussetzungen nach § 2 Abs. 1 Nr. 3 nicht vorgelegen haben. Diese Vorschrift soll es der Behörde ermöglichen, von einer Zurücknahme der Erlaubnis abzusehen, wenn dies zu einer unverhältnismäßigen Härte für den Betroffenen führen würde. Allerdings wird bei dieser Ermessensentscheidung sorgfältig abzuwägen sein zwischen den Interessen des Erlaubnisinhabers und der Patienten (vgl. Erläuterung 6 zu § 3 Abs. 3).

(5) Zwingender Grund zum Widerruf der Erlaubnis ist ein sich einstellendes Verhalten, das die Zuverlässigkeit zur Ausübung des Berufs des Ergotherapeuten nicht mehr gewährleistet. Diese Vorschrift schützt die Interessen der durch die Tätigkeit des Ergotherapeuten unmittelbar Betroffenen, nämlich der Patienten. Die Art des Verhaltens, die zum Widerruf der Erlaubnis führen kann, muss der entsprechen, die bei früherem Vorhandensein zu einer Versagung der Erlaubnis geführt hätte. Das heißt, die besonderen Belange des Berufs des Ergotherapeuten sind zu berücksichtigen (vgl. Erläuterung 4 zu § 2 Abs. 1 Nr. 2). Im übrigen muss es sich um neue Tatbestände handeln, durch die das Verhalten nachträglich ein Anzeichen wurde für die Unzuverlässigkeit zur Ausübung des Berufs.

(6) Widerrufen kann die zuständige Behörde eine Erlaubnis dann, wenn sich nachträglich eine Nichteignung aus gesundheitlichen Gründen ergibt. Es muss in einem solchen Fall nicht zwangsläufig zum Widerruf der Erlaubnis kommen. Die Behörde hat einen Ermessensspielraum, von dem sie pflichtgemäß Gebrauch machen muss. Entscheidend durfte sein, ob der gesundheitliche Zustand des Erlaubnisinhabers eine Gefahr bedeutet, wenn er den Beruf des Ergotherapeuten ausübt. Wenn der Betreffende zum Beispiel den Beruf nicht

oder nicht mehr ausübt - etwa wegen Erreichens der Altersgrenze -, braucht die Erlaubnis nicht unbedingt widerrufen zu werden.

In den Fällen der Rücknahme oder des Widerrufs einer Erlaubnis aufgrund der Vorschriften der Absätze 1 bis 3 ist nach dem Verwaltungsverfahrensrecht (z.B. § 28 Verwaltungsverfahrensgesetz v. 25. Mai 1976; BGBl. I S. 1253) dem Betroffenen Gelegenheit zu geben, sich zu der beabsichtigten Entscheidung zu äußern. Die Behörde muss ihre Absicht und ihre Gründe dem betroffenen Erlaubnisinhaber mitteilen. Es genügt in der Regel, wenn der Betroffene sich mündlich äußert und die Behörde darüber eine Aufzeichnung fertigt. Es genügt aber auch, wenn die Behörde dem Betroffenen gegen Zustellungsnachweis die beabsichtigte Rücknahme oder den Widerruf der Erlaubnis unter Angabe der Gründe mitteilt und ihn auffordert, dazu Stellung zu nehmen. Ob sich der Betroffene dazu äußert oder nicht, spielt dann keine Rolle. Die Anhörung gilt als erfolgt, wenn der Betroffene Gelegenheit gehabt hat, sich zu äußern, auch wenn er keinen Gebrauch davon gemacht hat.

§ 4

(1) Die Ausbildung nach diesem Gesetz wird an staatlich anerkannten Schulen für Ergotherapeuten durchgeführt [1].

(2) Zur Ausbildung wird zugelassen, wer eine abgeschlossene Realschulbildung, eine andere gleichwertige Ausbildung oder eine nach Hauptschulabschluss abgeschlossene Berufsausbildung von mindestens zweijähriger Dauer nachweist [2].

(3) Auf die Dauer der Ausbildung werden angerechnet: [3]

1. Unterbrechungen durch Ferien [4] **und**

2. Unterbrechungen durch Schwangerschaft, Krankheit oder aus anderen, vom Auszubildenden nicht zu vertretenden Gründen bis zur Gesamtdauer von zwölf Wochen [5].

(4) Die zuständige Behörde kann auf Antrag eine andere Ausbildung im Umfang ihrer Gleichwertigkeit auf die Ausbildung

für Ergotherapeuten anrechnen, wenn die Durchführung der Ausbildung und die Erreichung des Ausbildungszieles dadurch nicht gefährdet werden [6]. Eine nach bundesgesetzlichen Vorschriften abgeschlossene Ausbildung als Krankengymnast oder Physiotherapeut oder eine nach landesrechtlichen Vorschriften abgeschlossene Ausbildung als Erzieher ist mit mindestens einem Jahr anzurechnen [7].

(1) Die dreijährige Ausbildung, die nach der ErgThAPrV theoretischen und praktischen Unterricht und eine praktische Ausbildung umfasst, muss an Schulen durchgeführt werden, die als zur Ausbildung von Ergotherapeuten nach diesem Gesetz geeignet staatlich anerkannt sind. In dem Bundesgesetz konnte nicht geregelt werden, unter welchen Voraussetzungen eine Schule staatlich anerkannt werden kann. Diese Entscheidung zu treffen ist Sache der Länder. Es wird sich bei den Ausbildungsstätten für Ergotherapeuten um Berufsfachschulen oder ähnliche Einrichtungen handeln. Das Berufsbildungsgesetz findet keine Anwendung auf die Ausbildung der Ergotherapeuten, weil die Schulen für nichtärztliche Heilberufe dort ausdrücklich ausgenommen sind. Der durch das ErgThG festgelegte Status der Ausbildungsstätten für Ergotherapeuten wurde vom Gesetzgeber im Vergleich zu den Schulen für andere nichtärztliche Heilberufe als angemessen angesehen und für geeignet gehalten, das erforderliche Wissen zu vermitteln.

(2) Im Zusammenhang mit dem Schulstatus wurde als Vorbildungsvoraussetzung für die Zulassung zur Ausbildung ein mittlerer Bildungsabschluss für erforderlich und ausreichend angesehen. Während im Entwurf der Bundesregierung entsprechend den Ausbildungsanforderungen allein ein mittlerer oder vergleichbarer Bildungsabschluss vorgesehen war, hat der Ausschuss für Jugend, Familie und Gesundheit die Zugangsvoraussetzungen erweitert und auch Bewerber mit Hauptschulabschluss und abgeschlossener zweijähriger Berufsausbildung einbezogen. Damit soll der praktische Bezug betont werden, der gerade in der Arbeitstherapie von großer

34

Bedeutung ist. Auf diese Weise soll außerdem der Anreiz für männliche Bewerber gesteigert werden (siehe BT-Drucks. 7/4834).

Was als "andere gleichwertige Ausbildung" anzusehen ist, richtet sich nach dem Schulrecht der einzelnen Bundesländer. Der Nachweis einer entsprechenden Schulbildung kann in jedem Fall erbracht werden durch das Abschlusszeugnis der Realschule, durch das Versetzungszeugnis des Gymnasiums nach Klasse 11 und unter bestimmten Voraussetzungen durch das Abschlusszeugnis der Klasse 10 der Hauptschule. Auch das Abschlusszeugnis einiger Berufsfachschulen, die zur Fachoberschulreife führen (z.B. Pflegevorschulen und sozialpflegerische/sozialpädagogische Berufsfachschulen) wird als gleichwertige Ausbildung anerkannt werden können, wenn diese Schulen mindestens die Klasse 10 umfassen.

Ein Mindestalter für die Zulassung zum Lehrgang ist nicht festgelegt worden. Der Gesetzgeber geht davon aus, dass die Bewerber für die Zulassung zum Lehrgang im Hinblick auf die geforderte Vorbildung in der Regel das 17. Lebensjahr vollendet haben (siehe amtliche Begründung zum Gesetzentwurf - BT-Drucks. 7/3113). Im Bericht des Ausschusses für Jugend, Familie und Gesundheit des Deutschen Bundestages (siehe BT-Drucks. 7/4834) heißt es dazu u.a.: "Wenn man bedenkt, dass bisher nicht einmal für ein Hochschulstudium ein Mindestalter verlangt wird und einem 18 jährigen - von hier nicht interessierenden Schwierigkeiten abgesehen - generell zum Beispiel das Studium der Medizin möglich ist, kann nicht die Rede davon sein, dass ein 17jähriger die altersmäßigen Voraussetzungen für die Ausbildung zum Beschäftigungs- und Arbeitstherapeuten Nichtbesitze.... Nach dreijähriger Ausbildung ist der Beschäftigungs- und Arbeitstherapeut in der Regel 20 Jahre alt und damit nach Meinung des Ausschusses in psychischer wie in physischer Hinsicht in der Lage, seinen Beruf auszuüben und mit Patienten zu arbeiten. Unter Berücksichtigung der derzeitigen und in absehbarer Zeit kaum kürzer werdenden Wartezeit von durchschnittlich zwei Jahren bis zur Aufnahme in eine der Schulen wird sich ein Problem in der Praxis überhaupt nicht ergeben. Außerdem bleibt es der Schule im Einzelfall überlassen, die Eignung des Bewerbers zu prüfen."

Die Schulen können Bewerber nicht wegen ihres Lebensalters zurückweisen. Um mögliche Schwierigkeiten wegen etwa noch fehlender geistiger oder körperlicher Reife zu vermeiden, kann der Lehrplan von der Schule selbst so gestaltet werden, dass in der ersten Zeit vorwiegend theoretisch und praktisch nur insoweit unterrichtet wird, als der Schüler nicht mit Schwer- und Schwerstbehinderten in Berührung kommen muss.

(3) In Absatz 3 wird die Anrechnung von Zeiten geregelt, an denen der Schüler aus Gründen, die er nicht zu vertreten hat, am Unterricht während der dreijährigen Ausbildung nicht teilnehmen kann. Solche Zeiten werden auf die Dauer der Ausbildung angerechnet, das heißt, sie brauchen nicht nachgeholt zu werden.

(4) Eine Höchstdauer der anrechenbaren Unterbrechungen durch Ferien wurde nicht festgelegt. Somit können sich die Ferien sowohl nach den allgemeinen Schulferien eines Landes, als auch nach gesondert getroffener landesrechtlicher Regelung richten, je nachdem, welche Entscheidung die zuständige Landesbehörde jeweils für die Schulen für Ergotherapeuten ihres Bereichs trifft.

(5) Begrenzt anrechenbar sind die Unterbrechungen durch Schwangerschaft und Krankheit. Wird die Gesamtdauer von 12 Wochen überschritten, so muss die darüber hinausgehende Zeit nachgeholt werden. Das erschien in jedem Fall zumutbar und ist notwendig, um eine qualifizierte Ausbildung zu gewährleisten. Die Prüfung muss im Falle der Nachholung von nicht anrechenbaren Unterbrechungszeiten bei einem späteren Termin abgelegt werden.

Unterbrechung durch Krankheit wird durch ein ärztliches Attest nachzuweisen sein, aus dem hervorgehen muss, dass der Besuch des Unterrichts aus Krankheitsgründen nicht möglich ist. Bei Schwangerschaft ist auch die Zeit nach der Niederkunft im Rahmen der Zwölfwochenfrist anrechenbar.

Unterbrechungen aus anderen, vom Auszubildenden nicht zu vertretenden Gründen werden ebenfalls auf die Dauer der Ausbildung angerechnet, dürfen jedoch zusammen mit Unterbrechungen infolge Schwangerschaft oder Krankheit die Gesamtdauer von zwölf Wochen nicht übersteigen. Andere Gründe im Sinne dieser Vorschrift können z.B. sein: Vorladungen zu Behörden oder Gerichten, Wohnungswechsel, schwere Erkrankung oder Tod eines nahen Angehörigen u.ä. Die Entscheidung trifft der Leiter der Schule. Die Schule muss nach Abschluss der Ausbildung zur Vorlage beim Vorsitzenden des Prüfungsausschusses eine Bescheinigung ausfertigen, dass die Ausbildung nicht über die zulässige Gesamtdauer hinaus unterbrochen worden ist (vgl. Anlage 2 zur ErgThAPrV).

(6) Es kann nur eine Ausbildung angerechnet werden, nicht aber eine bloße Tätigkeit als Ergotherapeut. Wo die Ausbildung erworben wurde, ist unerheblich. Es kann sich also um Ausbildungen handeln, die innerhalb des Geltungsbereichs des Gesetzes (siehe Erläuterung 8 zu § 2 des Gesetzes) oder im Ausland oder in der ehem. DDR erworben wurden. Anrechenbar ist eine Ausbildung nur im Umfang ihrer Gleichwertigkeit. Nach diesem Umfang hat sich demnach die Dauer der Anrechnung auf die nach dem Gesetz vorgeschriebene Ausbildung zu richten. Voraussetzung der Anrechnung ist, dass die ordnungsgemäße Durchführung der Ausbildung und die Erreichung des Ausbildungszieles sichergestellt sind.

(7) Bei den hier aufgezählten Ausbildungen ist die zuständige Behörde in jedem Fall zu einer Anrechnung von mindestens einem Jahr verpflichtet. Sie kann sich in diesen Fällen nicht auf den Umfang der Gleichwertigkeit berufen. Eine Anrechnung von mehr als einem Jahr ist möglich. Auf welchen Teil der Ausbildung angerechnet wird, entscheidet die zuständige Landesbehörde nach den Gegebenheiten des Einzelfalls.

Der Gesetzgeber ist davon ausgegangen, dass die hier aufgezählten Ausbildungen gewährleisten, dass die Absolventen die Ausbildung zum Ergotherapeuten ordentlich durchlaufen können, so dass bei diesen abgeschlossenen Ausbildungen wegen des großen Anteils an vergleichbaren oder übereinstimmenden Ausbildungsinhalten eine Anrechnung in Frage kommen kann.

§ 5

(1) Das Bundesministerium für Gesundheit und Soziale Sicherung [1] **regelt durch Rechtsverordnung mit Zustimmung des Bundesrates in einer Ausbildungs- und Prüfungsordnung für Ergotherapeuten die Mindestanforderungen an die Ausbildung, das Nähere über die staatliche Prüfung und die Urkunde für die Erlaubnis nach § 1. In der Rechtsverordnung ist vorzusehen, dass der Auszubildende während der Ausbildung an theoretischem und praktischem Unterricht und an einer praktischen Ausbildung teilzunehmen hat. In der Rechtsverordnung kann vorgesehen werden, dass der Schüler bei der Zulassung zur staatlichen Prüfung eine außerhalb der Ausbildung erworbene, bestimmten Erfordernissen entsprechende Ausbildung in Erster Hilfe nachzuweisen hat.**

(2) *Text siehe Seite 20*

Das Bundesministerium für Gesundheit und Soziale Sicherung hat durch das Gesetz die Ermächtigung und zugleich den Auftrag erhalten, die Mindestanforderungen an die Ausbildung und das Nähere über die staatliche Prüfung in einer Rechtsverordnung, die der Zustimmung des Bundesrates bedarf, festzulegen. Die Ausbildungs- und Prüfungsverordnung für Ergotherapeutinnen und Ergotherapeuten (ErgThAPrV), die auch das Muster für die Urkunde über die Erlaubnis zur Führung der Berufsbezeichnung enthält, ist im August 1999 erlassen worden (siehe unter III b); sie ist dem aktuellen Stand der medizinischen Entwicklung angepasst worden und gilt ab Juli 2000.

Die Ausbildungs- und Prüfungsverordnung legt nur die Mindestanforderungen an die Ausbildung fest. Es ist jeder Schule freigestellt, über die in der Verordnung vorgesehene Stundenzahl hinaus weitere Ausbildungsveranstaltungen durchzuführen.

II. Abschnitt
Zuständigkeiten

§ 6

(1) Die Entscheidungen nach § 2 Abs. 1 trifft die zuständige Behörde des Landes, in dem der Antragsteller die Prüfung abgelegt hat [1]**.**

(2) Die Entscheidung über die Anrechnung einer Ausbildung nach § 4 Abs. 4 trifft die zuständige Behörde des Landes, in dem der Bewerber an einer Ausbildung teilnehmen will [2]**.**

(3) Die Landesregierung bestimmt die zur Durchführung dieses Gesetzes zuständigen Behörden [3]**.**

(1) Es handelt sich hier nur um die Zuständigkeit für die Erteilung der Erlaubnis. Unabhängig vom Wohnort ist der Antrag auf Erlaubniserteilung bei der Behörde zu stellen, in deren Bereich die staatliche Prüfung abgelegt wurde.

Für die Entscheidung über eine Erlaubniserteilung in den Fällen, in denen die Ausbildung außerhalb des Geltungsbereichs des Gesetzes erworben wurde und über den Widerruf der Erlaubnis ist nach dem allgemeinen Verwaltungsverfahrensrecht die Behörde des Wohnsitzes des Antragstellers zuständig. Diese Behörde entscheidet nicht nur, ob die nachgewiesene Ausbildung abgeschlossen und der Ausbildungsstand gleichwertig ist, sie prüft auch, ob die Voraussetzungen des § 2 Abs. 1 Nr. 2 und 3 (charakterliche und körperliche Eignung zur Ausübung des Berufs) vorliegen und erteilt die Erlaubnis.

Für den Widerruf der Erlaubnis in den Fällen des § 3 Abs. 2 (nachträglich aufgetretene Unzuverlässigkeit zur Ausübung des Berufs) und 3 (nachträglicher Wegfall der körperlichen Eignung) ist ebenfalls die Wohnsitzbehörde des Erlaubnisinhabers zuständig.

(2) Es handelt sich um die Entscheidung über die Gleichwertigkeit einer anderen Ausbildung und über die Anrechnung einer solchen Ausbildung auf die Ausbildung als Ergotherapeut sowie die Entscheidung, mit welcher Dauer die abgeschlossenen Ausbildungen als Krankengymnast bzw. Physiotherapeut oder als Erzieher im Einzelfall angerechnet werden (mindestens ein Jahr muss angerechnet werden - vgl. Erläuterung 7 zu § 4 Abs. 4).

(3) Die Regelung der sachlichen Zuständigkeit der Behörden muss den Ländern überlassen bleiben, die dafür aufgrund der verfassungsrechtlichen Gegebenheiten unmittelbar zuständig sind. Insofern stellt die Vorschrift des Absatzes 4 nicht etwa eine Ermächtigung der Landesregierungen dar.

III. Abschnitt
Bußgeldvorschrift

§ 7

(1) Ordnungswidrig handelt, wer

1. **ohne Erlaubnis nach § 1 die Berufsbezeichnung "Ergotherapeutin" oder "Ergotherapeut",**

2. **ohne Erlaubnis nach § 8 Abs. 2 Satz 1 die Berufsbezeichnung "Beschäftigungstherapeut", "Beschäftigungstherapeutin", "Beschäftigungs- und Arbeitstherapeut (Ergotherapeut)" oder "Beschäftigungs- und Arbeitstherapeutin (Ergotherapeutin)" oder**

3. **entgegen § 9 Abs. 3 Satz 2 die Berufsbezeichnung "Beschäftigungs- und Arbeitstherapeut" oder "Beschäftigungs- und Arbeitstherapeutin"**

führt.

(2) Die Ordnungswidrigkeit kann mit einer Geldbuße bis zu zweitausendfünfhundert Euro geahndet werden.

Die Vorschrift dient dem Schutz der neuen Berufsbezeichnung sowie der alten, soweit diese fortgeführt wird. Für die Ahndung der hier genannten Ordnungswidrigkeiten finden die Vorschriften des Gesetzes über Ordnungswidrigkeiten (OWiG) Anwendung. Eine Ordnungswidrigkeit ist eine rechtswidrige und vorwerfbare Handlung, die den Tatbestand (hier: Führung der Berufsbezeichnung ohne Berechtigung) verwirklicht, der nach dem Ergotherapeutengesetz mit einer Geldbuße geahndet werden kann (§ 1 Abs. 1 OWiG). Als Ordnungswidrigkeit kann nur vorsätzliches Handeln geahndet werden (§ 10 OWiG). Irrtümliches Handeln, das auf nicht vorwerfbarer Unkenntnis beruht, wird nicht geahndet (§ 11 OWiG).

Die Verfolgung von Ordnungswidrigkeiten liegt im pflichtgemäßen Ermessen der Verfolgungsbehörde (§ 47 OWiG). Sachlich zuständig für die Verfolgung und Ahndung von Ordnungswidrigkeiten ist die Verwaltungsbehörde, die durch Gesetz bestimmt wird, mangels einer solchen Bestimmung die fachlich zuständige oberste Landesbehörde (§ 36 OWiG). Örtlich zuständig ist die Verwaltungsbehörde, in deren Bereich die Ordnungswidrigkeit begangen oder entdeckt worden ist oder in deren Bereich der Betroffene zur Zeit der Einleitung des Bußgeldverfahrens seinen Wohnsitz hat (§ 37 OWiG).

IV. Abschnitt
Übergangsvorschriften

§ 8

(1) Als Erlaubnis im Sinne des § 1 gelten [1]:

1. **eine auf Grund der in § 10 bezeichneten Bestimmungen erteilte staatliche Anerkennung als "Beschäftigungstherapeut" oder "Beschäftigungstherapeutin",**

2. **eine durch ein Prüfungs- und Anerkennungszeugnis der höheren Fachschule für Beschäftigungs- und Arbeitstherapie (Ergotherapie) der Landeshauptstadt München vor Inkrafttreten**

dieses Gesetzes oder nach Inkrafttreten dieses Gesetzes auf Grund einer vor seinem Inkrafttreten begonnenen Ausbildung verliehene Anerkennung als "Beschäftigungs- und Arbeitstherapeut (Ergotherapeut)" oder "Beschäftigungs- und Arbeitstherapeutin (Ergotherapeutin)" und 3. eine durch ein Prüfungs- und Anerkennungszeugnis der Städtischen Fachschule für Beschäftigungstherapie in München verliehene Anerkennung als "Beschäftigungstherapeut" oder "Beschäftigungstherapeutin".

(2) Eine in Absatz 1 genannte Anerkennung gilt auch als Erlaubnis, statt der Berufsbezeichnung nach § 1 die durch die Anerkennung erworbene Berufsbezeichnung weiterzuführen. § 3 gilt entsprechend [(2)].

(3) Eine Ausbildung als "Beschäftigungstherapeut" oder "Beschäftigungstherapeutin", die vor Inkrafttreten dieses Gesetzes auf Grund der in § 10 bezeichneten Bestimmungen begonnen worden ist, wird nach diesen Bestimmungen abgeschlossen. Die Anerkennung wird in diesen Fällen ebenfalls nach diesen Bestimmungen erteilt [(3)].

(4) Wer beim Inkrafttreten dieses Gesetzes mindestens fünf Jahre in der Beschäftigungs- und Arbeitstherapie tätig war, erhält beim Vorliegen der Voraussetzungen des § 2 Abs. 1 Nr. 2 und 3 die Erlaubnis nach § 1, wenn er innerhalb von fünf Jahren nach Inkrafttreten dieses Gesetzes die staatliche Prüfung nach diesem Gesetz ablegt [(4)].

(1) Die Vorschrift dient der Besitzstandwahrung. Sie stellt die nach früherem Recht erteilten Berechtigungen und Anerkennungen der Erlaubnis nach § 1 gleich. Damit unterliegen diese Berechtigungen und Anerkennungen gleichzeitig den Vorschriften des Gesetzes, was vor allem im Hinblick auf die Regelungen des § 3 (Rücknahme und Widerruf der Erlaubnis) von Bedeutung ist.

(2) Der von Absatz 1 erfasste Personenkreis hat weiterhin das Recht, seine mit der Anerkennung nach früherem Recht erworbene Berufsbezeichnung anstelle der Berufsbezeichnung nach § 1 des Gesetzes weiterzuführen. Auf diese Erlaubnis finden die Vorschriften des § 3 über die Rücknahme und den Widerruf der Erlaubnis entsprechende Anwendung.

(3) Wer sich am 1. Januar 1977 in einer Ausbildung als Beschäftigungstherapeut befand, beendete diese Ausbildung nach bisherigem Recht. Auch die Anerkennung wurde nach den bisherigen Bestimmungen der Länder erteilt. Diese Anerkennungen unterliegen ebenfalls den Vorschriften des ErgThG.

(4) Durch Absatz 4 wurde der großen Gruppe derjenigen, die zum Teil seit vielen Jahren in der Beschäftigungs- und Arbeitstherapie tätig waren, ohne eine Berechtigung im Sinne des § 8 Abs. 1 Nr. 1 bis 3 zu besitzen, die Möglichkeit eröffnet, die Erlaubnis nach § 1 zu erhalten, ihre Tätigkeit also in Zukunft unter der gesetzlich geschützten Berufsbezeichnung auszuüben.

§ 8 a

(1) Eine vor dem 1. September 1991 nach der Anordnung über die staatliche Erlaubnis zur Ausübung der medizinischen, pharmazeutischen und sozialen Fachschul- und Facharbeiterberufe vom 7. August 1980 (GBl. IV Nr. 26 S. 254) erteilte Erlaubnis als Arbeitstherapeut/in oder eine einer solchen Erlaubnis gleichgestellte Erlaubnis gilt als Erlaubnis nach § 1.

(2) Eine vor dem 1. September 1991 in dem in Artikel 3 des Einigungsvertrages genannten Gebiet begonnene Ausbildung als Arbeitstherapeut/in kann in diesem Gebiet nach den dort bisher geltenden Regeln abgeschlossen werden. Nach Abschluss der Ausbildung erhält der Antragsteller, wenn die Voraussetzungen des § 2 Abs. 1 Nr. 2 und 3 vorliegen, eine Erlaubnis nach § 1.

Im Zuge des Beitritts der DDR zur Bundesrepublik Deutschland war auch zu prüfen, ob und in welchem Umfang die Ausbildung im

Bereich der Beschäftigungs- und Arbeitstherapie an den medizischen Fachschulen der DDR mit der westdeutschen Ausbildung in diesem Berufsbild vergleichbar ist und welche Regelungen hinsichtlich der Überleitung des Beschäftigungs- und Arbeitstherapeutengesetzes getroffen werden können. Es bestätigte sich, was bei der Erlaubniserteilung an Übersiedler bereits von westdeutschen Behörden festgestellt worden war, dass nämlich die Ausbildung zum Arbeitstherapeuten/in in der ehem. DDR der Ausbildung nach dem BeArbthG gleichwertig ist. So wurde bei den Verhandlungen über den Einigungsvertrag Einigung erzielt, die in der DDR erteilten Berufserlaubnisse den Erlaubnissen nach dem BeArbThG gleichzustellen (vgl. § 8 a Abs. 1 des Gesetzes). Vor dem 1. September 1991, der im Rahmen einer Übergangsfrist als Stichtag festgelegt wurde, im Beitrittsgebiet begonnene Ausbildungen konnten noch nach den Regelungen der ehem. DDR abgeschlossen werden (vgl. § 8a Abs. 2 des Gesetzes). Die Ausbildungs- und Prüfungsordnung für Beschäftigungs- und Arbeitstherapeuten vom März 1977 wurde mit Wirkung vom 1. September 1991 in den neuen Bundesländern in Kraft gesetzt (vgl. § 14a BeArbThAPrO), so dass seitdem an den ehemaligen Medizinischen Fachschulen - die als Schulen für Beschäftigungs- und Arbeitstherapeuten von den zuständigen Landesbehörden zu bestätigen waren - die Ausbildung nach Bundesrecht stattfindet und Erlaubniserteilungen nach dem Ergotherapeutengesetz erfolgen.

V. Abschnitt
Schlussvorschriften

§ 9

(1) Eine vor Inkrafttreten dieses Gesetzes erteilte Erlaubnis als "Beschäftigungs- und Arbeitstherapeut" oder als "Beschäftigungs- und Arbeitstherapeutin" gilt als Erlaubnis nach § 1.

(2) Personen, die vor Inkrafttreten dieses Gesetzes eine Ausbildung zum "Beschäftigungs- und Arbeitstherapeuten" oder zur

"Beschäftigungs- und Arbeitstherapeutin" begonnen haben, erhalten nach Abschluss ihrer Ausbildung eine Erlaubnis nach § 1, wenn die Voraussetzungen des § 2 Abs. 1 Nr. 2 und 3 vorliegen.

(3) Beschäftigungs- und Arbeitstherapeuten, die eine Erlaubnis nach dem Beschäftigungs- und Arbeitstherapeutengesetz besitzen, dürfen die Berufsbezeichnung weiterführen. Außer im Falle des Satzes 1 darf die Berufsbezeichnung "Beschäftigungs- und Arbeitstherapeut" oder "Beschäftigungs- und Arbeitstherapeutin" nicht geführt werden.

Absatz 1 stellt die nach früherem Recht erteilten Erlaubnisse für Beschäftigungs- und Arbeitstherapeuten den Erlaubnissen nach dem geänderten Recht gleich.

Nach Absatz 2 erhalten diejenigen, die vor Inkrafttreten des Änderungsgesetzes die Ausbildung begonnen haben, nach erfolgreichem Abschluss auf Antrag die Erlaubnis zur Führung der Berufsbezeichnung nach neuem Recht.

Absatz 3 ermöglicht, dass die alte Berufsbezeichnung weitergeführt werden darf.

§ 10
Text siehe Seite 24

Um die bei Inkrafttreten des Gesetzes begonnenen Ausbildungen ohne Schwierigkeiten abschließen zu können, wurden die bisherigen Bestimmungen insoweit aufrecht erhalten.

b) zur Ausbildungs- und Prüfungsverordnung

**für Ergotherapeutinnen und Ergotherapeuten
(Ergotherapeuten-Ausbildungs- und Prüfungsverordnung) -
ErgThAPrV**

Vom 2. August 1999 (BGBl. I S. 1731)

Auf Grund des § 5 des Ergotherapeutengesetzes vom 25. Mai 1976 (BGBl. I S. 1246), zuletzt geändert durch Artikel 8 des Gesetzes vom 16. Juni 1998 (BGBl. I S.1311), verordnet das Bundesministerium für Gesundheit:

§ 1
Ausbildung

(1) Die dreijährige Ausbildung für Ergotherapeutinnen und Ergotherapeuten umfasst mindestens den in der Anlage 1 aufgeführten theoretischen und praktischen Unterricht von 2700 Stunden und die aufgeführte praktische Ausbildung von 1700 Stunden. Sie steht unter der Gesamtverantwortung einer Schule für Ergotherapeuten (Schule). Im Unterricht muss den Schülern aus-reichende Möglichkeit gegeben werden, die erforderlichen praktischen Fähigkeiten und Fertigkeiten zu entwickeln und einzuüben.

(2) Die Schulen haben die praktische Ausbildung im Rahmen einer Vereinbarung mit Krankenhäusern oder anderen geeigneten Einrichtungen sicherzustellen. Der in Anlage 1 B Nr. 3 genannte Bereich der praktischen Ausbildung soll unter der Anleitung von Ergotherapeutinnen oder Ergotherapeuten durchgeführt werden; in den übrigen in Anlage 1 B genannten Bereichen hat sie unter der Anleitung von Ergotherapeutinnen oder Ergotherapeuten stattzufinden.

(3) Die regelmäßige und erfolgreiche Teilnahme an den Ausbildungsveranstaltungen nach Absatz 1 ist durch eine Bescheinigung nach dem Muster der Anlage 2 nachzuweisen.

Nach § 5 des Ergotherapeutengesetzes ist in der Ausbildungs- und Prüfungsverordnung vorzusehen, dass der Auszubildende während der Ausbildung an theoretischem und praktischem Unterricht und an einer praktischen Ausbildung teilzunehmen hat. Die in der Anlage 1 dieser Verordnung festgelegten Stundenzahlen sind Mindestanforderungen, die an die dreijährige Ausbildung gestellt werden. Die Schulen für Ergotherapeuten sind verantwortlich für die ordnungsgemäße Durchführung der Ausbildung in ihren beiden Bestandteilen. Sie müssen die Bestandteile des Unterrichts und die praktische Ausbildung inhaltlich und organisatorisch aufeinander abstimmen. Um den Schulen organisatorisch ausreichend Spielraum zu geben, sind - wie auch bei den entsprechenden Regelungen für andere nichtärztliche Heilberufe, z. B. Logopäden - die Ausbildungsinhalte zeitlich und sachlich nicht einzelnen Ausbildungsjahren zugeordnet. Im Rahmen des theoretischen und praktischen Unterrichts sind 250 Stunden zur freien Verteilung auf die einzelnen Fächer vorgesehen. Auch in der praktischen Ausbildung sind 500 Stunden frei verteilbar, so dass den unterschiedlichen Möglichkeiten der Schulen entsprochen werden kann.

Eine Regelung über die Voraussetzungen für den Übergang von einem Ausbildungsjahr in das nächste innerhalb der dreijährigen Ausbildung ist in der Verordnung nicht enthalten. Da es sich hierbei um Schulrecht handelt, kann darüber vom Bund keine Regelung getroffen werden.

In Absatz 2 wird die in Absatz 1 Satz 3 festgelegte Gesamtverantwortung der Schulen für die Ausbildung verdeutlicht und zugleich insofern erleichtert, als zugelassen wird, dass Schulen für die praktische Ausbildung mit Krankenhäusern oder anderen geeigneten Einrichtungen zusammenarbeiten. Durch entsprechende Vereinbarungen ist die Qualität dieses Ausbildungsbestandteils zu gewährleisten. Das bedeutet unter anderem den Einsatz von Ergotherapeutinnen oder Ergotherapeuten auch in den Krankenhäusern oder anderen Einrichtungen zur Anleitung der Schüler während der praktischen Ausbildung.

Ob eine "regelmäßige und erfolgreiche" Teilnahme an den Ausbildungsveranstaltungen erfolgt ist, muss durch die Schule beurteilt werden. Der Verordnungsgeber hat darauf verzichtet, eine Aussage darüber aufzunehmen, wann eine erfolgreiche Teilnahme an der Ausbildung anzunehmen ist.

Die Auslegung der unbestimmten Rechtsbegriffe "regelmäßig" und "erfolgreich" unterliegt somit dem Beurteilungsspielraum der Schule, der es überlassen bleibt, auf welche Weise (Leistungskontrollen, Zwischenzeugnisse und dergl.) sie die Gesamtbewertung über die Teilnahme an der Ausbildung vornimmt, sofern sich aus dem Schulrecht des Landes, in dem sich die Schule befindet, oder aus besonderen Landesregelungen für Schulen für Ergotherapeuten nicht etwas anderes ergibt.

Die Voraussetzung der Regelmäßigkeit ist im allgemeinen dann erfüllt, wenn die zulässigen Fehlzeiten (s. § 4 des ErgThG) nicht überschritten werden. Als erfolgreich ist eine Ausbildung dann anzusehen, wenn die zu beobachtenden Leistungen des Schülers erfahrungsgemäß seine grundsätzliche Eignung für den angestrebten Beruf erkennen lassen. Liegen diese Voraussetzungen im Einzelfall nicht vor, kann die vorgeschriebene Bescheinigung auch versagt werden, so dass unter Umständen eine verlängerte Ausbildung erforderlich wird.

Die Bescheinigung nach dem Muster der Anlage 2 bezieht sich auf die gesamte dreijährige Ausbildung und ist Voraussetzung für die Zulassung zur staatlichen Prüfung (siehe § 4 Abs.2 Nr. 2).

§ 2
Staatliche Prüfung

(1) Die staatliche Prüfung nach § 2 Abs. 1 Nr.1 des Ergotherapeutengesetzes umfasst einen schriftlichen, einen mündlichen und einen praktischen Teil.

(2) Der Prüfling legt die Prüfung bei der Schule ab, an der er die Ausbildung abschließt. Die zuständige Behörde, in deren Bereich die Prüfung oder ein Teil der Prüfung abgelegt werden

soll, kann aus wichtigem Grund Ausnahmen zulassen. Die Vorsitzenden der beteiligten Prüfungsausschüsse sind vorher zu hören.

Die Prüfungsfächer bzw. Prüfungsaufgaben für die drei Teile der staatlichen Prüfung sind in den §§ 5 bis 7 der Verordnung festgelegt.

Die Verordnung schließt den Wechsel der Schule vor Abschluss der Ausbildung nicht aus. Die Prüfung ist jedoch grundsätzlich bei der Schule abzulegen, an der die Ausbildung abgeschlossen wird. Das ist sinnvoll, weil der Schüler von den Fachprüfern geprüft werden soll, die ihn überwiegend unterrichtet haben. Über Ausnahmen von diesem Grundsatz entscheidet die zuständige Behörde nach pflichtgemäßem Ermessen unter Anhörung der beteiligten Prüfungsausschüsse.

Als wichtigen Grund für die Ablegung der Prüfung vor einem anderen Prüfungsausschuss könnte die Behörde beispielsweise eine vom Prüfling geltend gemachte Befangenheit eines oder mehrerer Prüfer anerkennen. Ob Wohnungswechsel ein wichtiger Grund sein kann, dürfte davon abhängen, ob dem Prüfling die Anwesenheit am Ort der Schule während der Prüfungszeit zugemutet werden kann oder nicht. In aller Regel wird ihm die Anwesenheit am Ort der Schule zugemutet werden können.

Eine vielfach von Fachkreisen geforderte Zwischenprüfung für die dreijährige Ausbildung sieht die Verordnung nicht vor. Wenn in einer Zwischenprüfung einzelne Fächer abschließend geprüft werden sollten, müsste sie auch eine staatliche Prüfung sein. Dies stößt jedoch insbesondere auf das Problem der begrenzten personellen Kapazitäten der Länder bei der Einrichtung von Prüfungsausschüssen. Außerdem würden durch den erhöhten Verwaltungsaufwand zusätzliche Kosten entstehen. Es bleibt den Schulen aber unbenommen, zur ständigen Leistungskontrolle der Schüler eigene Zwischennoten zu erteilen oder eigene (nicht staatliche und insofern nur zur Feststellung des Leistungsstandes der Schüler dienende) Zwischenprüfungen durchzuführen.

§ 3
Prüfungsausschuss

(1) Bei jeder Schule wird ein Prüfungsausschuss gebildet. Er besteht aus mindestens vier Mitgliedern und zwar:

1. einem Medizinalbeamten der zuständigen Behörde oder einer von der zuständigen Behörde mit der Wahrnehmung dieser Aufgabe betrauten Person,

2. einer von der Schulverwaltung betrauten Person, wenn die Schule nach den Schulgesetzen eines Landes der staatlichen Aufsicht durch die Schulverwaltung untersteht, sowie

3. Fachprüfern, die an der Schule unterrichten und von denen mindestens

   a) ein Prüfer Arzt und

   b) ein Prüfer Ergotherapeut, Beschäftigungs- und Arbeitstherapeut, Diplom-Medizinpädagoge oder Medizinpädagoge mit einer abgeschlossenen Ausbildung als Ergotherapeut oder Beschäftigungs- und Arbeitstherapeut sein muss.

Als Fachprüfer sollen die Lehrkräfte bestellt werden, die den Prüfling in diesem Fachgebiet überwiegend ausgebildet haben.

(2) Die zuständige Behörde bestellt die Mitglieder nach Absatz 1 Satz 2 Nr.1 und 3 sowie ihre Vertreter. Für jedes Mitglied ist mindestens ein Vertreter zu bestimmen. Vor der Bestellung der Mitglieder nach Absatz 1 Satz 2 Nr.3 und ihrer Vertreter ist die Schulleitung anzuhören.

(3) Das Mitglied nach Absatz 1 Satz 2 Nr.1 sitzt dem Prüfungsausschuss vor. Die Behörde kann bestimmen, dass das Mitglied nach Absatz 1 Satz 2 Nr.2 den Vorsitz führt.

(4) Die zuständige Behörde kann Sachverständige und Beobachter zur Teilnahme an allen Prüfungsvorgängen entsenden.

Die Vorschrift regelt Bildung und Zusammensetzung des Prüfungsausschusses.

Der Vorsitzende des Prüfungsausschusses sollte, da es sich um eine staatliche Prüfung in einem medizinischen Beruf handelt, in aller Regel ein Arzt sein, der Medizinalbeamter ist oder von der Behörde eigens als Vorsitzender berufen wird (Absatz 3 Satz 1). Ausnahmsweise besteht jedoch auch die Möglichkeit, eine andere fachlich geeignete Person mit der Wahrnehmung der Aufgaben des Prüfungsvorsitzenden zu beauftragen (Absatz 3 Satz 2). Diese Alternative entspricht den Gegebenheiten in einigen Ländern, in denen die Schulen für Ergotherapeuten dem Schulrecht unterliegen.

Dem Prüfungsausschuss müssen mindestens vier Mitglieder angehören. Wenn die Schule dem Schulrecht des Landes untersteht, ist eine von der Schulverwaltung beauftragte Person Mitglied im Ausschuss (Absatz 1 Nr. 2), der jedoch nur im Ausnahmefall der Vorsitz übertragen werden soll (Absatz 3 Satz 2). Die amtliche Begründung zur Verordnung (Bundesrats-Drucksache 231/99) führt ausdrücklich an, dass die Möglichkeit, einen Vertreter der Schulverwaltung zum Vorsitzenden zu bestellen, die Ausnahme von der Regel sein soll, dass der Vorsitz einem Arzt zu übertragen ist.

Als Fachprüfer muss mindestens ein erfahrener Arzt berufen werden, der auch an der Schule unterrichtet. Außerdem muss mindestens ein an der Schule unterrichtender Angehöriger des Berufs, zu dem ausgebildet wird, Fachprüfer sein. Dabei handelt es sich entsprechend der inzwischen vielfältigen Berufsbezeichnungen um Ergotherapeuten, Beschäftigungs- und Arbeitstherapeuten oder (aus dem Bereich der neuen Länder) Diplom-Medizinpädagogen oder Medizinpädagogen mit einschlägiger Ausbildung.

Durch das Wort "mindestens" wird zum Ausdruck gebracht, dass möglichst mehrere unterrichtende Ergotherapeuten als Fachprüfer bestellt werden sollten. Weitere Lehrkräfte können als Fachprüfer herangezogen werden, auch wenn sie weder Arzt noch Berufsangehöriger sind.

Als Fachprüfer sollen im übrigen nur Lehrkräfte eingesetzt werden, die die Prüflinge überwiegend unterrichtet bzw. ausgebildet haben.

Damit auch im Falle der Verhinderung eines Mitglieds des Prüfungsausschusses dessen Funktionsfähigkeit und Einsatzbereitschaft gewährleistet ist, hat die zuständige Behörde je nach Belastung des einzelnen Ausschussmitglieds für dieses einen oder mehrere Stellvertreter zu bestellen. Die Fachprüfer und ihre Stellvertreter sind unter Beteiligung der Schulleitung zu berufen.

Die zuständige Behörde kann nach freiem Ermessen Sachverständige und Beobachter, z.B. die leitende Unterrichtskraft, sofern diese nicht bereits als Fachprüfer Mitglied des Prüfungsausschusses ist, zur Teilnahme an den Prüfungsvorgängen entsenden. Diese nicht dem Prüfungsausschuss angehörenden Personen können nur passiv teilnehmen, zumindest in Bezug auf den Prüfling. Ein aktives Eingreifen in das Prüfungsgeschehen, z.B. durch Stellen von Fragen an den Prüfling im mündlichen oder praktischen Teil der Prüfung, ist ihnen nicht erlaubt.

§ 4
Zulassung zur Prüfung

(1) Der Vorsitzende entscheidet auf Antrag des Prüflings über die Zulassung zur Prüfung und setzt die Prüfungstermine im Benehmen mit der Schulleitung fest. Der Prüfungsbeginn soll nicht früher als zwei Monate vor dem Ende der Ausbildung liegen.

(2) Die Zulassung zur Prüfung wird erteilt, wenn folgende Nachweise vorliegen:

1. eine Geburtsurkunde oder ein Auszug aus dem Familienbuch der Eltern und alle Urkunden, die eine spätere Namensänderung bescheinigen, sowie bei Verheirateten eine Heiratsurkunde oder ein Auszug aus dem für die Ehe geführten Familienbuch,

2. **die Bescheinigung nach § 1 Abs. 3 über die Teilnahme an den Ausbildungsveranstaltungen.**

(3) Die Zulassung sowie die Prüfungstermine sollen dem Prüfling spätestens zwei Wochen vor Prüfungsbeginn schriftlich mitgeteilt werden.

Die Entscheidung über die Zulassung zur Prüfung trifft der Vorsitzende des Prüfungsausschusses in seiner Funktion als Leiter der Prüfung im Benehmen mit der Schulleitung. Das "Benehmen" setzt nicht zwingend das Einverständnis der Schulleitung voraus. Die Entscheidung liegt beim Vorsitzenden, der dabei nicht an das Votum der Schulleitung gebunden ist. Er setzt auch die Prüfungstermine fest. Die Entscheidung über die Zulassung zur Prüfung ist ein Verwaltungsakt, der - bei Nichtzulassung - durch Widerspruch sowie Klage vor dem Verwaltungsgericht angefochten werden kann.

Liegen die in Absatz 2 geforderten Nachweise vor, besteht ein Rechtsanspruch auf Zulassung zur Prüfung. Der Vorsitzende kann die Zulassung nicht wegen mangelnder Bewährung während der Ausbildung, Unfähigkeit oder Ungeeignetheit versagen. Insbesondere können die in § 2 Abs. 1 Nr. 2 und 3 ErgThG genannten persönlichen Mängel, die eine Versagung der Berufserlaubnis zur Folge haben, nicht zur einer Versagung der Zulassung zur Prüfung führen. Nach Auffassung der Gerichte reicht es zum Schutz der Patienten und zur Wahrung des Ansehens der nichtärztlichen Heilberufe aus, wenn solchen Personen nach bestandener Prüfung die Erlaubnis zur Führung der Berufsbezeichnung versagt wird. Der Ausschluss von der Prüfung stelle ein Übermaß und damit eine unzulässige Behinderung der freien Berufswahl dar, weil die Nachholung der Prüfung zu einem späteren Zeitpunkt, an dem die Mängel entfallen sind, praktisch nicht mehr möglich sei. Somit kann einem Bewerber, der an der Ausbildung erfolgreich und regelmäßig teilgenommen hat, die Möglichkeit eingeräumt werden, durch Ablegen der staatlichen Prüfung die Ausbildung abzuschließen, auch wenn er möglicherweise die Berufserlaubnis nicht erhalten könnte, weil er zum Zeitpunkt der Prüfung gesundheitlich nicht oder nicht mehr geeignet ist.

Der Antrag auf Zulassung zur Prüfung ist an den Vorsitzenden des Prüfungsausschusses zu richten. Einzureichen ist der Antrag bei der Schulleitung zu einem von ihr festzusetzenden Termin. Sie muss den Antrag so rechtzeitig an den Vorsitzenden weiterleiten, dass dem Prüfling zwei Wochen vor dem Prüfungstermin die Zulassung mitgeteilt werden kann. Die Verantwortung dafür, dass der Antrag fristgerecht bei der Schulleitung eingereicht wird, liegt beim Schüler, für die Weiterleitung bei der Schulleitung.

Bei der Festsetzung des Prüfungsbeginns (Absatz 1 Satz 2) und bei der Mitteilung der Prüfungstermine (Absatz 3) sollen im Interesse eines ordnungsgemäßen Prüfungsablaufs und einer rechtzeitigen Unterrichtung des Prüflings bestimmte Mindestfristen eingehalten werden. In besonderen Ausnahmefällen können diese Fristen auch über- bzw. unterschritten werden (das ergibt sich aus den Formulierungen "soll nicht früher als..." bzw. "sollen spätestens zwei Wochen vor.....").

§ 5
Schriftlicher Teil der Prüfung

(1) Der schriftliche Teil der Prüfung erstreckt sich auf folgende Fächergruppen:

1. **Allgemeine Krankheitslehre; Spezielle Krankheitslehre einschließlich diagnostischer, therapeutischer, präventiver und rehabilitativer Maßnahmen sowie psychosozialer Aspekte; Grundlagen der Arbeitsmedizin;**

2. **Psychologie und Pädagogik; Behindertenpädagogik; Berufs-, Gesetzes- und Staatskunde;**

3. **Motorisch-funktionelle Behandlungsverfahren; Neurophysiologische Behandlungsverfahren; Neuropsychologische Behandlungsverfahren; Psychosoziale Behandlungsverfahren; Arbeitstherapeutische Verfahren.**

Der Prüfling hat in den drei Fächergruppen in jeweils einer Aufsichtsarbeit schriftlich gestellte Fragen zu beantworten. Die Aufsichtsarbeiten dauern jeweils 180 Minuten. Die schriftliche Prüfung ist an drei Tagen durchzuführen. Die Aufsichtsführenden werden von der Schulleitung bestellt.

(2) Die Aufgaben für die Aufsichtsarbeiten werden von dem Vorsitzenden des Prüfungsausschusses auf Vorschlag der Schule ausgewählt. Jede Aufsichtsarbeit ist von mindestens zwei Fachprüfern zu benoten. Aus den Noten der Fachprüfer bildet der Vorsitzende des Prüfungsausschusses im Benehmen mit den Fachprüfern die Note für die einzelne Aufsichtsarbeit sowie aus den Noten der drei Aufsichtsarbeiten die Prüfungsnote für den schriftlichen Teil der Prüfung. Der schriftliche Teil der Prüfung ist bestanden, wenn jede der drei Aufsichtsarbeiten mindestens mit „ausreichend" benotet wird.

Der schriftliche Teil der Prüfung umfasst drei in Fächergruppen zusammengefasste Stoffgebiete. In jeder Fächergruppe ist eine Aufsichtsarbeit zu schreiben. Im Interesse einer möglichst objektiven Prüfung wird die schriftliche Beantwortung von schriftlich gestellten Fragen vorgeschrieben. Eine bestimmte Form, z.B. Antwort-Wahl-Verfahren (multiple choice) oder die Behandlung von Einzelfragen in Aufsatzform ist hierfür nicht vorgegeben. Welche Methode gewählt wird, bleibt dem Prüfungsausschuss überlassen, sofern die Länder keine Regelung hierüber treffen. Zulässig ist es dem Wortlaut der Vorschrift nach, dass nicht nur Fragen gestellt, sondern auch Themen abgehandelt werden.

Die Dauer der Aufsichtsarbeiten beträgt in allen drei Fächergruppen jeweils 180 Minuten und entspricht damit der jeweiligen Stofffülle. Da die Prüfung an drei Tagen durchgeführt werden muss, entfällt auf jeden Prüfungstag eine Aufsichtsarbeit. Es ist nicht vorgeschrieben, dass die drei Prüfungstage aufeinanderfolgen müssen, d.h. es können auch prüfungsfreie Tage dazwischenliegen.
Die Aufsichtsführenden, die von der Schulleitung bestellt werden, müssen nicht Mitglieder des Prüfungsausschusses sein.

Nach Absatz 2 wählt der Vorsitzende des Prüfungsausschusses aus den Vorschlägen der Schule die Aufgaben für die Aufsichtsarbeiten aus. Die Auswahlentscheidung unter mehreren Themenmöglichkeiten, die die Schule vorgeschlagen hat, steht allein dem Vorsitzenden zu, wodurch der Charakter der Prüfung als einer staatlichen Prüfung deutlich wird.

Bundeseinheitliche Fragestellungen konnten in der Verordnung nicht gefordert werden, weil die Kompetenz des Bundes nicht so weit greift. Die vorgeschriebene schriftliche Prüfung bietet jedoch Gelegenheit, zu weitgehend einheitlichen Prüfungsanforderungen und damit zu einem einheitlichen Ausbildungsniveau zu kommen.

Die eigentliche Benotung ist Sache der Fachprüfer. Dies ist vor allem auch deshalb notwendig, weil der Vorsitzende des Prüfungsausschusses nicht immer ein Arzt (Medizinalbeamter) sein muss (siehe § 3 Abs. 1). Bei der Bildung der Prüfungsnote für die einzelne Aufsichtsarbeit stimmt sich der Vorsitzende mit den Fachprüfern ab. Es bedarf jedoch nicht eines Einvernehmens mit den Fachprüfern. Bei divergierenden Noten der Fachprüfer in der einzelnen Aufsichtsarbeit entscheidet der Vorsitzende über die Note in diesem Fach; er bildet im übrigen aus den Noten der Aufsichtsarbeiten eine Gesamtnote für den schriftlichen Teil der Prüfung, der nur dann bestanden ist, wenn alle drei Arbeiten jeweils mit mindestens "ausreichend" (4) benotet worden sind

§ 6
Mündlicher Teil der Prüfung

(1) Der mündliche Teil der Prüfung erstreckt sich auf folgende Fächer:

1. Biologie, beschreibende und funktionelle Anatomie, Physiologie,

2. Medizinsoziologie und Gerontologie,

3. Grundlagen der Ergotherapie.

Die Prüflinge werden einzeln oder in Gruppen bis zu fünf geprüft. Ein Prüfling soll in jedem Fach nicht länger als 15 Minuten geprüft werden.

(2) Jedes Fach wird von mindestens einem Fachprüfer abgenommen und benotet. Der Vorsitzende ist berechtigt, sich in allen Fächern an der Prüfung zu beteiligen; er kann auch selbst prüfen. Aus den Noten der Fachprüfer bildet der Vorsitzende im Benehmen mit den Fachprüfern die Prüfungsnote für den mündlichen Teil der Prüfung. Der mündliche Teil der Prüfung ist bestanden, wenn jedes Fach mindestens mit „ausreichend" benotet wird.

(3) Der Vorsitzende der Prüfungsausschusses kann die Anwesenheit von Zuhörern beim mündlichen Teil der Prüfung gestatten, wenn ein berechtigtes Interesse besteht.

Die mündliche Prüfung bezieht sich auf die wichtigsten Stoffgebiete der theoretischen und praktischen Ausbildung (Anlage 1 Abschnitt A). Einzel- oder Gruppenprüfung stehen zur Wahl. Die Verfahrensweise wird sich nach der Zahl der insgesamt vorhandenen Prüflinge richten. Im Fall der Gruppenwahl darf die Gruppe nicht größer sein als fünf Prüflinge. Die Dauer der mündlichen Prüfung soll - unabhängig ob Einzel- oder Gruppenprüfung - für jeden Prüfling pro Fach nicht mehr als 15 Minuten betragen, d. h., jeder Kandidat kann insgesamt höchstens 45 Minuten lang befragt werden.

Andere als in den Prüfungsausschuss berufene Personen dürfen die mündliche Prüfung nicht abnehmen. Der Vorsitzende, der kein Fachprüfer ist, kann sich jedoch an der Prüfung beteiligen und darf auch selbst prüfen (Absatz 2 Satz 1).

Die Leistungen des Prüflings im jeweiligen Fach werden von dem Fachprüfer benotet, der die Prüfung in diesem Fach abgenommen hat. Aus den einzelnen Noten bildet der Vorsitzende des Prüfungsausschusses eine Gesamtnote für den mündlichen Teil der Prüfung. Im übrigen gilt für die Notenbildung die gleiche Regelung wie für die schriftliche Prüfung (siehe zu § 5). Bestanden ist der mündliche

Prüfungsteil, wenn in jedem der drei Fächer mindestens die Note "ausreichend" (4) erzielt wurde.

Die nach Absatz 3 zulässige Anwesenheit von Zuhörern setzt voraus, dass dadurch eine störungsfreie Durchführung der mündlichen Prüfung nicht gefährdet wird. Ein Antrag auf Zulassung als Zuhörer ist in der Regel dann begründet, wenn es sich um Schüler der betreffenden Ergotherapeutenschule oder um Personen handelt, die in der Ausbildung von Ergotherapeuten an dieser Schule tätig sind.

§ 7
Praktischer Teil der Prüfung
Im praktischen Teil der Prüfung hat der Prüfling

1. **gemäß eines von ihm vorher zu erstellenden Arbeitsplanes unter Aufsicht ein Werkstück, eine Schiene, ein Hilfsmittel oder einen anderen therapeutischen Gegenstand anzufertigen und die therapeutische Einsatzmöglichkeit zu analysieren und zu begründen sowie**

2. **mit einem Patienten oder mit einer Patientengruppe eine ergotherapeutische Behandlung durchzuführen, die auf der Grundlage eines schriftlichen Prüfungsberichtes über die ergotherapeutische Befunderhebung, die Behandlungsplanung und deren Durchführung beruht.**

(2) Die Prüfung nach Absatz 1 Nr.1 soll an zwei Tagen durchgeführt werden und zwölf Stunden nicht überschreiten. Für die Prüfung nach Absatz 1 Nr.2 sind dem Prüfling die Patienten spätestens vier Tage vor der Prüfung zuzuweisen. Die Auswahl der Patienten erfolgt durch einen Fachprüfer nach § 3 Abs. 1 Satz 2 Nr.3 im Einvernehmen mit dem Patienten und dem für den Patienten verantwortlichen Fachpersonal. Nach der ergotherapeutischen Behandlung sollen in einem Prüfungsgespräch Fragen zum Ablauf der Behandlung sowie dem Prüfungsbericht gestellt werden. Die Behandlung und das Gespräch sollen an

einem Tag abgeschlossen sein und nicht länger als zwei Stunden dauern.

(3) Der praktische Teil der Prüfung nach Absatz 1 Nr.1 und 2 wird jeweils von mindestens zwei Fachprüfern, darunter mindestens einem Fachprüfer nach § 3 Abs. 1 Satz 2 Nr.3 Buchstabe b, abgenommen und benotet. Aus den Noten der Fachprüfer bildet der Vorsitzende des Prüfungsausschusses im Benehmen mit den Fachprüfern jeweils die Note für die Prüfungen nach Absatz 1 Nr.1 und 2 sowie aus diesen Noten die Prüfungsnote für den praktischen Teil der Prüfung. Der praktische Teil der Prüfung ist bestanden, wenn die Prüfungen nach Absatz 1 Nr. 1 und 2 jeweils mindestens mit „ausreichend" benotet werden.

Der praktische Teil der Prüfung besteht zunächst aus einer Arbeit, mit der der Prüfling zeigen soll, dass er die handwerklichen Fertigkeiten und das zum therapeutischen Einsatz seiner Arbeiten notwendige Fachwissen besitzt, die er bei der späteren Berufsausübung benötigt. Außerdem muss er an Patienten demonstrieren, dass er die Kenntnisse und Fertigkeiten beherrscht, die er für eine qualifizierte Berufstätigkeit benötigt. In einem Prüfungsgespräch nach Abschluss der Behandlung muss sich der Kandidat Fragen zum Ablauf der Behandlung und zu dem von ihm erstellten schriftlichen Prüfungsbericht stellen.

Nach Absatz 2 soll die praktische Prüfung auf zwei Tage verteilt werden und insgesamt höchstens 12 Stunden dauern. Sie ist in der Regel eine Einzelprüfung. Die Behandlung von Patienten und das anschließende Prüfungsgespräch von höchstens zwei Stunden sollen an einem Tag stattfinden.

Abnahme der Prüfung durch Fachprüfer und Benotung sind wie bei der schriftlichen Prüfung geregelt mit dem Zusatz, dass einer der Fachprüfer ein Berufsangehöriger sein muss (Absatz 3 Satz 1). Auch die praktische Prüfung ist nur mit der Note "ausreichend" (4) in jeder der beiden Prüfungsaufgaben bestanden.

§ 8
Niederschrift

Über die Prüfung ist eine Niederschrift zu fertigen, aus der Gegenstand, Ablauf und Ergebnisse der Prüfung und etwa vorkommende Unregelmäßigkeiten hervorgehen.

Die vorgeschriebene Niederschrift dient der Gewährleistung eines ordnungsgemäßen Prüfungsablaufs und sichert die Möglichkeit einer eventuellen späteren Überprüfung des Prüfungshergangs, insbesondere in einem verwaltungsgerichtlichen Anfechtungsverfahren. Wird die Niederschrift versäumt oder ist sie lückenhaft, so macht dieser Formfehler die Prüfung anfechtbar. Die Dauer der Aufbewahrung der Niederschrift wie auch der übrigen amtlichen Prüfungsunterlagen richtet sich nach § 14 und beträgt für die Niederschrift 10 Jahre.

§ 9
Benotung

Die schriftlichen Aufsichtsarbeiten sowie die Leistungen in der mündlichen und praktischen Prüfung werden wie folgt benotet:

- **„sehr gut" (1), wenn die Leistung den Anforderungen in besonderem Maße entspricht,**
- **„gut" (2), wenn die Leistung den Anforderungen voll entspricht,**
- **„befriedigend" (3), wenn die Leistung im allgemeinen den Anforderungen entspricht,**
- **„ausreichend" (4), wenn die Leistung zwar Mängel aufweist, aber im ganzen den Anforderungen noch entspricht,**
- **„mangelhaft" (5), wenn die Leistung den Anforderungen nicht entspricht, jedoch erkennen lässt, dass die notwendigen Grundkenntnisse vorhanden sind und die Mängel in absehbarer Zeit behoben werden können,**
- **„ungenügend" (6), wenn die Leistung den Anforderungen nicht entspricht und selbst die Grundkenntnisse so lückenhaft sind, dass die Mängel in absehbarer Zeit nicht behoben werden können.**

Für die Benotung der Prüfungsleistungen werden wie schon bisher die in anderen Ausbildungsbereichen üblichen Grundsätze festgelegt. Ein anderes Bewertungssystem ist nicht zulässig. Eine verwaltungsgerichtliche Überprüfung der vergebenen Note im Einzelfall ist nur in sehr begrenztem Umfang möglich. Sie beschränkt sich nach herrschender Rechtsauffassung und nach der umfangreichen Rechtsprechung der Gerichte im wesentlichen auf die Einhaltung der Formvorschriften sowie der allgemeinen Denkgesetze. Die Abänderung von Einzelbenotungen durch Entscheidungen des Gerichts ist daher nur in seltenen Ausnahmefällen möglich.

§ 10
Bestehen und Wiederholung der Prüfung

(1) Die Prüfung ist bestanden, wenn jeder der nach § 2 Abs. 1 vorgeschriebenen Prüfungsteile bestanden ist.

(2) Über die bestandene staatliche Prüfung wird ein Zeugnis nach dem Muster der Anlage 3 erteilt. Über das Nichtbestehen erhält der Prüfling vom Vorsitzenden des Prüfungsausschusses eine schriftliche Mitteilung, in der die Prüfungsnoten anzugeben sind.

(3) Der Prüfling kann jede Aufsichtsarbeit der schriftlichen Prüfung, jedes Fach der mündlichen Prüfung sowie in der praktischen Prüfung die Prüfung nach § 7 Abs. 1 Nr.1 und die Prüfung nach § 7 Abs. 1 Nr.2 einmal wiederholen, wenn er die Note „mangelhaft" oder „ungenügend" erhalten hat.

(4) Hat der Prüfling die gesamte praktische Prüfung oder in der praktischen Prüfung die Prüfung nach § 7 Abs. 1 Nr.1 oder 2 zu wiederholen, so darf er zur Wiederholungsprüfung nur zugelassen werden, wenn er an einer weiteren Ausbildung teilgenommen hat, deren Dauer und Inhalt vom Vorsitzenden des Prüfungsausschusses im Benehmen mit den Fachprüfern bestimmt werden. Dem Antrag des Prüflings auf Zulassung zur Wiederholungsprüfung ist ein Nachweis über die Teilnahme an der weiteren Ausbildung beizufügen. **Die Wiederholungsprüfung soll**

spätestens zwölf Monate nach der letzten Prüfung abgeschlossen sein.

Eine Note für das Gesamtergebnis der Prüfung wird nicht erteilt. Voraussetzung für das Bestehen der staatlichen Prüfung ist, dass alle drei Teile der Prüfung bestanden werden (Absatz 1). Dazu muss der Prüfling bei jeder Aufsichtsarbeit, in jedem mündlichen Prüfungsfach und in beiden Aufgaben der praktischen Prüfung mindestens die Note "ausreichend" (4) erhalten haben (siehe jeweilige Bestehensregelung in den §§ 5, 6 und 7). Ein Ausgleich zwischen den einzelnen Aufsichtsarbeiten, mündlichen Prüfungsfächern oder praktischen Prüfungsaufgaben ist nicht möglich, d.h., es genügt ein "mangelhaft" (5) oder gar "ungenügend" (6), um durchzufallen. Wiederholt werden kann nur einmal in dem betroffenen Fach; bei der praktischen Prüfung erst nach einer weiteren Ausbildung, wenn sie insgesamt wiederholt werden muss oder eine der beiden Prüfungsaufgaben (Werkstück, Patientenbehandlung) nicht mit mindestens "ausreichend" (4) bewertet wurde. Die Wiederholungsprüfung soll grundsätzlich spätestens zwölf Monate nach der letzten Prüfung abgeschlossen sein. Damit sollen ungerechtfertigte Verzögerungen - meist zum Nachteil des Prüflings - vermieden werden (Absatz 4). Die Frist beginnt mit dem Ende des letzten Prüfungsteils, also in der Regel nach der praktischen Prüfung. Über eine Verlängerung der Zwölfmonatsfrist ist nichts geregelt; sie wäre im Rahmen der "Soll-Regelung" allenfalls in besonders begründeten Ausnahmefällen zulässig

Auf dem Muster für das Prüfungszeugnis ist keine Angabe über die Bewährung des Prüflings während der Ausbildung vorgesehen. Die Leistungen des Schülers während des Lehrgangs können allenfalls insoweit berücksichtigt werden, als die Fachprüfer, die auch die Lehrer der Prüflinge gewesen sein sollen und die Kandidaten von daher kennen, im mündlichen und praktischen Teil der Prüfung bei offensichtlicher Diskrepanz zwischen der Prüfungs- und der Ausbildungsleistung die Bewährung während des Lehrgangs zugunsten des Prüflings in die allgemeine Wertung der Person und der Leistung des Prüflings einfließen lassen.

§ 11
Rücktritt von der Prüfung

(1) Tritt ein Prüfling nach seiner Zulassung von der Prüfung oder einem Teil der Prüfung zurück, so hat er die Gründe für seinen Rücktritt unverzüglich dem Vorsitzenden des Prüfungsausschusses schriftlich mitzuteilen. Genehmigt der Vorsitzende den Rücktritt, so gilt die Prüfung oder der betreffende Teil der Prüfung als nicht unternommen. Die Genehmigung ist zu erteilen, wenn wichtige Gründe vorliegen. Im Falle einer Krankheit kann die Vorlage einer ärztlichen Bescheinigung verlangt werden.

(2) Wird die Genehmigung für den Rücktritt nicht erteilt oder unterlässt es der Prüfling, die Gründe für seinen Rücktritt unverzüglich mitzuteilen, so gilt die Prüfung oder der betreffende Teil der Prüfung als nicht bestanden. § 10 Abs. 3 gilt entsprechend.

Als nicht unternommen gilt die Prüfung, wenn der Vorsitzende des Prüfungsausschusses den Rücktritt genehmigt. Die spätere Teilnahme an der Prüfung gilt dann nicht als Wiederholung (Absatz 1). "Unverzüglich" bedeutet "ohne schuldhaftes Zögern". Schuldhaftes Zögern ist anzunehmen, wenn das Zögern vorwerfbar ist. Das Bundesverwaltungsgericht hat entschieden (BVerwGE 66, 213, 215), dass an die Unverzüglichkeit des Rücktritts von der Prüfung ein strenger Maßstab anzulegen ist. Ein Prüfungsrücktritt ist nicht mehr unverzüglich, wenn der Prüfling die Rücktrittserklärung nicht zu dem frühestmöglichen Zeitpunkt abgegeben hat, zu dem sie von ihm zumutbarerweise hätte erwartet werden können. Die Entscheidung hierüber obliegt dem Vorsitzenden des Prüfungsausschusses. Dieser hat auch zu entscheiden, ob im Falle des Absatzes 1 Satz 3 ein "wichtiger Grund" vorliegt. Ein wichtiger Grund ist dann anzunehmen, wenn nicht alltägliche Lebens- oder Ereignis-Umstände, die bei verständiger Würdigung des Einzelfalles von einigem Schwergewicht sind, so auf das Verhalten des Schülers einwirken, dass ein dem

Prüfungsverfahren gerecht werdendes Verhalten dem Schüler nicht zugemutet werden kann.

Die Begriffe "unverzüglich" und "wichtiger Grund" sind unbestimmte Rechtsbegriffe, unterliegen also nicht dem pflichtgemäßen oder freien Ermessen des Vorsitzenden, indem er so oder so entscheiden könnte, sondern sind der vollen gerichtlichen Nachprüfung unterworfen.

Nicht genehmigter Rücktritt (Absatz 2) bedeutet eine nicht bestandene Prüfung, für die die Vorschriften der Wiederholung (§ 10) anzuwenden sind. Die erneute Zulassung zur Prüfung kann allerdings in diesen Fällen nicht von einer weiteren Teilnahme an einer Ausbildung (§ 10 Abs. 4) abhängig gemacht werden.

§ 12
Versäumnisfolgen

(1) Versäumt ein Prüfling einen Prüfungstermin oder gibt er eine Aufsichtsarbeit nicht oder nicht rechtzeitig ab oder unterbricht er die Prüfung, so gilt die Prüfung oder der betreffende Teil der Prüfung als nicht bestanden, wenn nicht ein wichtiger Grund vorliegt; § 10 Abs. 3 gilt entsprechend. Liegt ein wichtiger Grund vor, so gilt die Prüfung oder der betreffende Teil der Prüfung als nicht unternommen.

(2) Die Entscheidung darüber, ob ein wichtiger Grund vorliegt, trifft der Vorsitzende des Prüfungsausschusses. § 11 Abs. 1 Satz 1 und 4 gilt entsprechend.

Hier gilt im Prinzip die gleiche Regelung wie beim genehmigten Rücktritt von der Prüfung. Versäumen oder Nichteinhalten eines Termins für die Prüfung oder die Abgabe einer Aufsichtsarbeit ohne anerkannten Grund haben die gleichen Folgen wie der nicht genehmigte Rücktritt von der Prüfung (vgl. Erläuterung zu § 11).

Hat der Prüfling den schriftlichen oder den schriftlichen und den mündlichen Teil der Prüfung bestanden, war jedoch durch Krankheit oder ein anderes unabwendbares Ereignis daran gehindert, die fehlenden Prüfungsteile abzulegen, so haben die erfolgreich absolvierten Prüfungen Bestand, brauchen also nicht wiederholt zu werden. Der aus Gründen höherer Gewalt versäumte fehlende Prüfungsteil ist - wenn die Voraussetzungen des § 11 Abs. 1 erfüllt sind und der Vorsitzende des Prüfungsausschusses die Gründe anerkannt hat - neu anzuberaumen. Dem Prüfling sollte dann ein Ersatztermin für die betreffende Prüfung angeboten werden, wobei sowohl auf seine individuelle Situation als auch auf die organisatorischen Belange der Schule Rücksicht zu nehmen ist. Einen Anspruch auf einen gesonderten Nachprüfungstermin hat der Prüfling jedoch nicht.

Zu Absatz 2 wird auf die Erläuterungen zu § 11 verwiesen.

§ 13
Ordnungsverstöße und Täuschungsversuche

Der Vorsitzende des Prüfungsausschusses kann bei Prüflingen, die die ordnungsgemäße Durchführung der Prüfung in erheblichem Maße gestört oder sich eines Täuschungsversuchs schuldig gemacht haben, den betreffenden Teil der Prüfung für „nicht bestanden" erklären; § 10 Abs. 3 gilt entsprechend. Eine solche Entscheidung ist im Falle der Störung der Prüfung nur bis zum Abschluss der gesamten Prüfung, im Falle eines Täuschungsversuchs nur innerhalb von drei Jahren nach Abschluss der Prüfung zulässig.

Eine Störung in "erheblichem Maße" setzt mehr als nur eine Störung schlechthin voraus. Erheblich ist eine Störung immer dann, wenn sie den gesamten Prüfungsablauf - auch in Bezug auf die anderen Teilnehmer - nicht unwesentlich beeinträchtigt. Ein Täuschungsversuch liegt vor, wenn der Prüfling mit unerlaubten Mitteln oder Methoden versucht, sich ungerechtfertigte Prüfungsvorteile zu verschaffen, die geeignet sind, seine Leistungen in besserem Licht erscheinen zu lassen, als dies ohne Täuschungsversuch der Fall wäre. Der Grundsatz der Chancengleichheit verbietet es, dass ein Prüfling durch nicht zugelassene Hilfsmittel (z.B. Fachliteratur, Spickzettel usw.) sich gegenüber anderen Prüflingen Vorteile verschafft. Dabei kommt es nicht darauf an, ob die Täuschung wirklich gelungen oder nur versucht worden ist. Der Prüfling muss allerdings von der Beeinflussung des Prüfungsergebnisses durch sein Tun gewusst haben. Die bloße Verletzung von Sorgfaltspflichten reicht für die Annahme einer Täuschung nicht aus, der Prüfling muss zielbewusst arglistig handeln. Vom Versuch ist die Vorbereitung zu unterscheiden. So bedeutet Vorbereitungshandlung, wenn der Prüfling z.B. unzulässige Hilfsmittel bei der schriftlichen Prüfung lediglich mit sich führt. Erst im Falle ihrer Benutzung ist der Versuch vollendet.

Ein Täuschungsversuch kann auch durch den "Beweis des ersten Anscheins" bewiesen werden, wenn die Prüfungsarbeit und das vom Prüfer erarbeitete, allein zur Verwendung durch den Prüfungsausschuss bestimmte Lösungsmuster teilweise wörtlich und im übrigen in Gliederung und Gedankenführung übereinstimmen. Wird die Prüfung wegen eines Ordnungsverstoßes oder einer Täuschung für "nicht bestanden" erklärt, gilt die Vorschrift des § 10 Abs. 3, d.h. die Prüfung kann dann nur noch einmal wiederholt werden.

Die in Satz 2 genannten Fristen sind Ausschlussfristen und dienen dem Ziel, dass das Ergebnis einer Prüfung nicht unbegrenzt in Frage gestellt bleiben darf, wenn Ordnungsverstöße oder Täuschungsversuche festgestellt werden. Die Prüfung ist abgeschlossen, wenn das Prüfungszeugnis ausgehändigt ist oder das Ergebnis vom Vorsitzenden verkündet worden ist. Bis zu diesem Zeitpunkt kann ein Teil der Prüfung wegen erheblicher Störung der Durchführung für nicht bestanden erklärt werden. Nach Ablauf von drei Jahren seit dem Tag der Zeugnisaushändigung ist eine Revision des Prüfungsergebnisses wegen Täuschung nicht mehr möglich.

§ 14
Prüfungsunterlagen

Auf Antrag ist dem Prüfungsteilnehmer nach Abschluss der Prüfung Einsicht in seine Prüfungsunterlagen zugewähren. Schriftliche Aufsichtsarbeiten sind drei, Anträge auf Zulassung zur Prüfung und Prüfungsniederschriften zehn Jahre aufzubewahren.

Der Prüfling hat einen Rechtsanspruch auf Einsicht in seine Prüfungsunterlagen. Zu diesen gehören die Nachweise nach § 4 Abs. 2 ebenso wie die schriftlichen Arbeiten und gegebenenfalls auch die Prüfungsniederschrift. Die Aufbewahrungsfristen nach Satz 2 dienen der Beweissicherung. Der Antrag auf Einsichtnahme ist an den Vorsitzenden des Prüfungsausschusses zu richten. Nach Ablauf der genannten Fristen besteht ein solcher Rechtsanspruch nicht mehr.

§ 15
Erlaubnisurkunde

Liegen die Voraussetzungen nach § 2 des Ergotherapeutengesetzes für die Erteilung der Erlaubnis zur Führung der Berufsbezeichnung nach § 1 des Gesetzes vor, so stellt die zuständige Behörde die Erlaubnisurkunde nach dem Muster der Anlage 4 aus.

Entsprechend der Ermächtigung in § 5 des Ergotherapeutengesetzes ist ein einheitliches Muster für die Urkunde über die Erlaubnis zur Führung der Berufsbezeichnung vorgeschrieben. Ein Abweichen von dem in Anlage 4 vorgeschriebenen Formular ist nicht zulässig (Formzwang). Die Erlaubnisurkunden sind also in der gesamten Bundesrepublik einheitlich.

Die Voraussetzungen für die Erlaubniserteilung liegen vor, wenn die Ausbildung erfolgreich absolviert und die staatliche Prüfung bestanden worden ist. Sofern auch die weiteren Voraussetzungen (körperlich und geistige Eignung und Zuverlässigkeit zur Ausübung des Berufs) vorliegen, besteht ein Rechtsanspruch auf Erlaubniserteilung. Ein Antrag braucht nicht gestellt zu werden.

§ 16
Sonderregelungen für Inhaber von Diplomen oder Prüfungszeugnissen aus einem anderen Mitgliedstaat der EU oder einem anderen Vertragsstaat des Abkommens über den Europäischen Wirtschaftsraum

(1) Antragsteller, die eine Erlaubnis nach § 1 des Ergotherapeutengesetzes beantragen, können zum Nachweis, dass die Voraussetzungen nach § 2 Abs. 1 Nr.2 dieses Gesetzes vorliegen, eine von der zuständigen Behörde des Heimat- oder Herkunftstaates ausgestellte entsprechende Bescheinigung oder einen von einer solchen Behörde ausgestellten Strafregisterauszug oder, wenn ein solcher nicht beigebracht werden kann, einen gleichwertigen Nachweis vorlegen. Die in Satz 1 genannten Bescheinigungen und Mitteilungen sind vertraulich zu behandeln. Sie dürfen der Beurteilung nur zugrunde gelegt werden, wenn bei der Vorlage die Ausstellung nicht mehr als drei Monate zurückliegt.

(2) Antragsteller, die eine Erlaubnis nach § 1 des Ergotherapeutengesetzes beantragen, können zum Nachweis, dass die Voraussetzungen nach § 2 Abs. 1 Nr. 3 dieses Gesetzes vorliegen, eine entsprechende Bescheinigung der zuständigen Behörde ihres Heimat- oder Herkunftstaates vorlegen. Absatz 1 Satz 2 und 3 gilt entsprechend.

(3) Antragsteller, die eine Erlaubnis nach § 1 des Ergotherapeutengesetzes beantragen, können ihre im Heimat- oder Herkunftstaat bestehende rechtmäßige Ausbildungsbezeichnung und, soweit dies nach dem Recht des Heimat- oder Herkunftstaates zulässig ist, die Abkürzung in der Sprache dieses Staates führen. Daneben sind Name und Ort der Lehranstalt, die die Ausbildungsbezeichnung verliehen hat, aufzuführen.

(4) Über den Antrag eines Staatsangehörigen eines anderen Mitgliedstaates der Europäischen Union oder eines anderen Vertragsstaates des Abkommens über den Europäischen Wirt-

schaftsraum auf Erteilung der Erlaubnis nach § 1 des Ergotherapeutengesetzes ist kurzfristig, spätestens vier Monate nach Vorlage der Nachweise über das Vorliegen der Voraussetzungen dieses Gesetzes zu entscheiden. Werden von der zuständigen Stelle des Heimat- oder Herkunftstaates die in Absatz 1 Satz 1 genannten Bescheinigungen nicht ausgestellt, kann der Antragsteller sie durch Vorlage einer Bescheinigung über die Abgabe einer eidesstattlichen Erklärung gegenüber der zuständigen Behörde ersetzen.

Durch diese Vorschrift werden die nach den Richtlinien 89/48/EWG vom 21. Dezember 1988 und 92/51/EWG vom 18. Juni 1992 erforderlichen Regelungen über das Verfahren bei der Erlaubniserteilung für Ergotherapeuten, die Inhaber eines Diploms oder Prüfungszeugnisses aus einem anderen Mitgliedstaat der Europäischen Union (EU) oder einem anderen Vertragsstaat des Abkommens über den Europäischen Wirtschaftsraum (EWR) sind, in deutsches Recht umgesetzt.

Staatsangehörige anderer Mitgliedstaaten der EU oder einem anderen Vertragsstaat des Abkommens über den EWR, die eine Erlaubnis nach § 1 des Ergotherapeutengesetzes beantragen, können den Nachweis ihrer Zuverlässigkeit zur Ausübung des Berufs durch entsprechende Bescheinigungen aus ihrem Heimat- oder Herkunftstaat erbringen.

Die deutsche Behörde kann über die Antragsteller auch Auskünfte bei der zuständigen Behörde des Heimat- oder Herkunftstaates einholen, wenn der Betreffende bereits in seinem Beruf tätig war. Werden der deutschen Behörde Tatsachen bekannt, die außerhalb Deutschlands eingetreten sind und die auf eine Unzuverlässigkeit des Antragstellers schließen lassen könnten, kann sie die zuständige Behörde des betreffenden Staates um Überprüfung und Mitteilung ihrer Schlussfolgerungen bitten. Alle Bescheinigungen sind vertraulich zu behandeln. Sie dürfen bei der Entscheidung über die Erlaubniserteilung nicht älter als drei Monate sein (Absatz 1).

Bei Absatz 2 handelt es sich um den Nachweis der geistigen und körperlichen Eignung zur Ausübung des Berufs. Es können ebenfalls Bescheinigungen aus dem Heimat- oder Herkunftstaat vorgelegt werden.

Antragstellern, die die Voraussetzungen für den Zugang zum Beruf und dessen Ausübung erfüllen (vgl. Absatz 1 und 2), kann das Recht zuerkannt werden, ihre im Heimat- oder Herkunftstaat bestehende rechtmäßige Ausbildungsbezeichnung und gegebenenfalls ihre Abkürzung in der Sprache dieses Staates zu führen; Name und Ort der Lehranstalt, die die Ausbildungsbezeichnung verliehen hat, sind jedoch daneben aufzuführen (Absatz 3).

Das Verfahren zur Prüfung des Antrages eines nach den genannten Richtlinien Begünstigten muss so rasch wie möglich durchgeführt und spätestens vier Monate nach Vorlage der vollständigen Unterlagen abgeschlossen werden (Absatz 4).

§ 17
Übergangsvorschrift

Eine vor Inkrafttreten dieser Verordnung begonnene Ausbildung zur "Beschäftigungs- und Arbeitstherapeutin", zum "Beschäftigungs- und Arbeitstherapeuten", zur „Ergotherapeutin" oder zum „Ergotherapeuten" wird nach den bisher geltenden Vorschriften abgeschlossen.

Wer bis zum 30. Juni 2000 mit der Ausbildung zum Beschäftigungs- und Arbeitstherapeuten bzw. zum Ergotherapeuten begonnen hat, schließt diese Ausbildung nach den Regelungen der Ausbildungs- und Prüfungsordnung vom 23. März 1977 ab.

§ 18
Inkrafttreten, Außerkrafttreten

Diese Verordnung tritt am 1. Juli 2000 in Kraft. Gleichzeitig tritt, soweit sich nicht aus § 17 etwas anderes ergibt, die Ausbildungs- und Prüfungsordnung für Beschäftigungs- und Arbeitstherapeuten vom 23. März 1977 (BGBl. I S.509), zuletzt geändert durch Artikel 2 der Verordnung vom 6. Dezember 1994 (BGBl. I S.3770), außer Kraft.

Ausbildungen, die vor dem 1. Juli 2000 begonnen wurden, sind nach der bisherigen Ausbildungs- und Prüfungsordnung abzuschließen (siehe § 17).

A **Theoretischer und praktischer Unterricht**

Stunden

1	**Berufs-, Gesetzes- und Staatskunde**	**40**

1.1 Berufskunde und Ethik, Geschichte des Berufs

1.2 Das Gesundheitswesen in der Bundesrepublik Deutschland und internationale Zusammenarbeit im Gesundheitswesen einschließlich der Gesundheitsprogramme internationaler Organisationen wie insbesondere Weltgesundheitsorganisation und Europarat

1.3 Aktuelle berufs- und gesundheitspolitische Fragen

1.4 Ergotherapeutengesetz; gesetzliche Regelungen für die sonstigen Berufe des Gesundheitswesens und ihre Abgrenzung zueinander

1.5 Arbeits- und berufsrechtliche Regelungen, soweit sie für die Berufsausübung von Bedeutung sind

1.6 Einführung in das Arbeits- und Arbeitsschutzrecht

1.7 Einführung in das Sozial- und Rehabilitationsrecht

1.8 Einführung in das Krankenhaus- und Seuchenrecht sowie das Arznei- und Betäubungsmittelrecht

1.9 Strafrechtliche, bürgerlichrechtliche und öffentlichrechtliche Vorschriften, die bei der Berufsausübung von Bedeutung sind; Rechtsstellung des Patienten oder seiner Sorgeberechtigten, Datenschutz

1.10 Die Grundlagen der staatlichen Ordnung in der Bundesrepublik Deutschland

Ergotherapeutische Mittel

13 Handwerkliche und gestalterische Techniken   **500**
mit verschiedenen Materialien

13.1.   Material- und Werkzeugkunde

13.2   Arbeitstechniken

13.2.1 Konstruktiv strukturierende Elemente

13.2.2 Gestalterisch kreative Elemente

13.3   Arbeitsprozesse

13.3.1 Einfache und komplexe Aufgabenstellungen

13.3.2 Einzelarbeit und Gruppenarbeit

13.3.3 Arbeiten nach Anleitung und freies Planen

13.3.4 Selbständige Erarbeitung einer Technik

13.3.5 Manuelle und maschinelle Arbeit

13.4   Arbeitsorganisation einschließlich Planung,
Vorbereitung, Arbeitsplatzgestaltung, Ergonomie

13.5   Therapeutische Anwendung der Techniken und
Patientenanleitung, Kriterien für die Therapie-
relevanz einer handwerklichen Technik

14   Spiele, Hilfsmittel, Schienen und technische Medien   **200**

14.1   Spiele und ihr therapeutischer Einsatz

14.1.1 Selbsterarbeitete und adaptierte Spiele

14.2   Rollstühle, Hilfsmittel und Schienen

14.2.1 Grundkenntnisse über Hilfsmittel und Rollstühle

21.3.2 Beratung, Vergabe und Anleitung beim Einsatz
spezifischer Hilfsmittel und Rollstühle
unter Berücksichtigung der Kostenregelung

21.3.3 Funktionstraining bei Prothesen und Schienen

21.3.4 Gelenkschutzunterweisung

21.3.5 Beratung und Adaptation zur Wohnraumanpassung
und Arbeitsplatzanpassung

22   Prävention und Rehabilitation   40

22.1. Theoretische Grundlagen der Prävention und
praktische Anwendung

22.2   Einsatz ergotherapeutischer Verfahren in der
Prävention; praktische Anwendung

22.3   Theoretische Grundlagen der Rehabilitation

22.4   Einführung in die Rehabilitationspsychologie

22.5   Ziele der Rehabilitation unter Berücksichtigung der
unterschiedlichen Behinderungen

22.6   Einrichtungen und Dienste der Rehabilitation

22.7   Rehabilitationsplanung im interdisziplinären Team

Zur Verteilung auf die Fächer 1-22   **250**

Stundenzahl insgesamt   **2.700**

B   Praktische Ausbildung für Ergotherapeuten

Praktische Ausbildung im

	Stunden
1. psychosozialen (psychiatrischen/psychosomatischen) Bereich	**400**
2. motorisch-funktionellen, neurophysiologischen oder neuropsychologischen Bereich	**400**
3. arbeitstherapeutischen Bereich	**400**
Zur Verteilung auf die Bereiche 1. bis 3.	**500**
Stunden insgesamt	**1.700**

Dabei soll sich jeweils ein praktischer Einsatz auf die ergotherapeutische Arbeit mit Kindern oder Jugendlichen, mit Erwachsenen und mit älteren Menschen erstrecken.

_____

(Bezeichnung der Schule)

Bescheinigung
über die Teilnahme an den Ausbildungsveranstaltungen

Name, Vorname

_____

Geburtsdatum Geburtsort

_____

hat in der Zeit vom _____ bis _____
regelmäßig und mit Erfolg an dem theoretischen und praktischen
Unterricht und der praktischen Ausbildung nach § 1 Abs. 1 ErgT-
hAPrV teilgenommen.

Die Ausbildung ist - nicht - über die nach § 4 Abs. 3 des Ergotherapeutengesetzes zulässigen Fehlzeiten hinaus - um Tage *) - unterbrochen worden.

Ort, Datum

_____ (Stempel)

_____
(Unterschrift(en) der Schulleitung)

_____
*) _Nichtzutreffendes streichen._

Der Vorsitzende
des Prüfungsausschusses

Zeugnis
über die staatliche Prüfung
für Ergotherapeutinnen und Ergotherapeuten

Name, Vorname

_____

Geburtsdatum   Geburtsort

_____   _____

hat am _____ die staatliche Prüfung nach § 2
Abs. 1 Nr. 1 des Ergotherapeutengesetzes vor dem staatlichen Prüfungsausschuss bei der

_____

in _____bestanden.
Sie/Er hat folgende Prüfungsnoten erhalten:

1. im schriftlichen Teil der Prüfung " _____ "

2. im mündlichen Teil der Prüfung " _____ "

3. im praktischen Teil der Prüfung " _____ "

Ort, Datum

_____

(Siegel)

_____

(Unterschrift des Vorsitzenden des Prüfungsausschusses)

Urkunde

über die Erlaubnis

zur Führung der Berufsbezeichnung

Name, Vorname

_____

geboren am in

_____

erhält auf Grund des § 2 Abs. 1 des Ergotherapeutengesetzes mit
Wirkung vom heutigen Tage die Erlaubnis, die Berufsbezeichnung

"_____."

zu führen.

Ort, Datum

_____

(Siegel)

_____

(Unterschrift)

IV. Schulen für Ergotherapeuten

Wegen der häufigen Änderungen und Ergänzungen im Bereich der Ausbildungsstätten für Ergotherapeuten wird darauf verzichtet, ein Verzeichnis der Schulen hier aufzunehmen.

Interessierten Lesern wird empfohlen, sich an den

Deutschen Verband der Ergotherapeuten e.V.
Postfach 22 08
76303 Karlsbad
Tel.: 07248 - 91 81-0
Fax 07248 - 91 81-71
E-Mail: info@dve.info
www.dve.info

zu wenden.

V. Rechtsvorschriften

a) Gesetz zur Verhütung und Bekämpfung von Infektionskrankheiten beim Menschen (Infektionsschutzgesetz - IfSG)

Artikel 1 des Seuchenrechtsneuordnungsgesetzes vom 20. Juli 2000 (BGBl. I S. 1045), zuletzt geändert durch Artikel 12 des Gesetzes vom 24. Dezember 2003 (BGBl. I S. 2954)

- Auszug -

Inhaltsverzeichnis

Blut-, Organ- und Gewebespendern

1. Abschnitt
Allgemeine Vorschriften
§ 1
Zweck des Gesetzes

(1) Zweck des Gesetzes ist es, übertragbaren Krankheiten beim Menschen vorzubeugen, Infektionen frühzeitig zu erkennen und ihre Weiterverbreitung zu verhindern.

(2) Die hierfür notwendige Mitwirkung und Zusammenarbeit von Behörden des Bundes, der Länder und der Kommunen, Ärzten, Krankenhäusern, wissenschaftlichen Einrichtungen sowie sonstigen Beteiligten soll entsprechend dem jeweiligen Stand der medizinischen und epidemiologischen Wissenschaft und Technik gestaltet und unterstützt werden. Die Eigenverantwortung der Träger und Leiter von Gemeinschaftseinrichtungen, Lebensmittelbetrieben, Gesundheitseinrichtungen sowie des Einzelnen bei der Prävention übertragbarer Krankheiten soll verdeutlicht und gefördert werden.

§ 2
Begriffsbestimmungen

Im Sinne dieses Gesetzes ist

1. Krankheitserreger
   ein vermehrungsfähiges Agens (Virus, Bakterium, Pilz, Parasit) oder ein sonstiges biologisches transmissibles Agens, das bei Menschen eine Infektion oder übertragbare Krankheit verursachen kann,

2. Infektion

   die Aufnahme eines Krankheitserregers und seine nachfolgende Entwicklung oder Vermehrung im menschlichen Organismus,

3. übertragbare Krankheit

   eine durch Krankheitserreger oder deren toxische Produkte, die unmittelbar oder mittelbar auf den Menschen übertragen werden, verursachte Krankheit,

4. Kranker

   eine Person, die an einer übertragbaren Krankheit erkrankt ist,

5. Krankheitsverdächtiger

   eine Person, bei der Symptome bestehen, welche das Vorliegen einer bestimmten übertragbaren Krankheit vermuten lassen,

6. Ausscheider

   eine Person, die Krankheitserreger ausscheidet und dadurch eine Ansteckungsquelle für die Allgemeinheit sein kann, ohne krank oder krankheitsverdächtig zu sein,

7. Ansteckungsverdächtiger

   eine Person, von der anzunehmen ist, dass sie Krankheitserreger aufgenommen hat, ohne krank, krankheitsverdächtig oder Ausscheider zu sein,

8. nosokomiale Infektion

   eine Infektion mit lokalen oder systemischen Infektionszeichen als Reaktion auf das Vorhandensein von Erregern oder ihrer Toxine, die im zeitlichen Zusammenhang mit einer stationären oder einer ambulanten medizinischen Maßnahme steht, soweit die Infektion nicht bereits vorher bestand,

9. Schutzimpfung

   die Gabe eines Impfstoffes mit dem Ziel, vor einer übertragbaren Krankheit zu schützen,

10. andere Maßnahme der spezifischen Prophylaxe

    die Gabe von Antikörpern (passive Immunprophylaxe) oder die Gabe von Medikamenten (Chemoprophylaxe) zum Schutz vor Weiterverbreitung bestimmter übertragbarer Krankheiten,

11. Impfschaden

    die gesundheitliche und wirtschaftliche Folge einer über das übliche Ausmaß einer Impfreaktion hinausgehenden gesundheitlichen Schädigung durch die Schutzimpfung; ein Impfschaden liegt auch vor, wenn mit vermehrungsfähigen Erregern geimpft wurde und eine andere als die geimpfte Person geschädigt wurde,

12. Gesundheitsschädling

    ein Tier, durch das Krankheitserreger auf Menschen übertragen werden können,

13. Sentinel-Erhebung

    eine epidemiologische Methode zur stichprobenartigen Erfassung der Verbreitung bestimmter übertragbarer Krankheiten und der Immunität gegen bestimmte übertragbare Krankheiten in ausgewählten Bevölkerungsgruppen,

14. Gesundheitsamt

    die nach Landesrecht für die Durchführung dieses Gesetzes bestimmte und mit einem Amtsarzt besetzte Behörde.

§ 3
Prävention durch Aufklärung

Die Information und Aufklärung der Allgemeinheit über die Gefahren übertragbarer Krankheiten und die Möglichkeiten zu deren Verhütung sind eine öffentliche Aufgabe. Insbesondere haben die nach Landesrecht zuständigen Stellen über Möglichkeiten des allgemeinen und individuellen Infektionsschutzes sowie über Beratungs-, Betreuungs- und Versorgungsangebote zu informieren.

3. Abschnitt
Meldewesen
§ 6
Meldepflichtige Krankheiten

(1) Namentlich ist zu melden:

1. der Krankheitsverdacht, die Erkrankung sowie der Tod an
   a) Botulismus
   b) Cholera
   c) Diphterie
   d) humaner spongiformer Enzephalopathie, außer familiärhereditärer Formen
   e) akuter Virushepatitis
   f) enteropathischem hämolytischurämischem Syndrom (HUS)
   g) virusbedingtem hämorrhagischen Fieber
   h) Masern
   i) Meningokokken-Meningitis oder -Sepsis
   j) Milzbrand
   k) Poliomyelitis (als Verdacht gilt jede akute schlaffe Lähmung, außer wenn traumatisch bedingt)
   l) Pest
   m) Tollwut
   n) Typhus abdominalis/Paratyphus
      sowie die Erkrankung und der Tod an einer behandlungsbedürftigen Tuberkulose, auch wenn ein bakteriologischer Nachweis nicht vorliegt,

2. der Verdacht auf und die Erkrankung an einer mikrobiell bedingten Lebensmittelvergiftung oder an einer akuten infektiösen Gastroenteritis, wenn
   a) eine Person betroffen ist, die eine Tätigkeit im Sinne des § 42 Abs. 1 ausübt,
   b) zwei oder mehr gleichartige Erkrankungen auftreten, bei denen ein epidemischer Zusammenhang wahrscheinlich ist oder vermutet wird,

3. der Verdacht einer über das übliche Ausmaß einer Irnpfreaktion hinausgehenden gesundheitlichen Schädigung,

4. die Verletzung eines Menschen durch ein tollwutkrankes, -verdächtiges oder -ansteckungsverdächtiges Tier sowie die Berührung eines solchen Tieres oder Tierkörpers,

5. soweit nicht nach den Nummern 1 bis 4 meldepflichtig, das Auftreten
   a) einer bedrohlichen Krankheit oder
   b) von zwei oder mehr gleichartigen Erkrankungen, bei denen ein epidemischer Zusammenhang wahrscheinlich ist oder vermutet wird, wenn dies auf eine schwerwiegende Gefahr für die Allgemeinheit hinweist und Krankheitserreger als Ursache in Betracht kommen, die nicht in § 7 genannt sind.

Die Meldung nach Satz 1 hat gemäß § 8 Abs. 1 Nr. 1, 3 bis 8, § 9 Abs. 1, 2, 3 Satz 1 oder 3 oder Abs. 4 zu erfolgen.

(2) Dem Gesundheitsamt ist über die Meldung nach Absatz 1 Nr. 1 hinaus mitzuteilen, wenn Personen, die an einer behandlungsbedürftigen Lungentuberkulose leiden, eine Behandlung verweigern oder abbrechen. Die Meldung nach Satz 1 hat gemäß § 8 Abs.1 Nr.1, § 9 Abs.1 und 3 Satz1 oder 3 zu erfolgen.

(3) Dem Gesundheitsamt ist unverzüglich das gehäufte Auftreten nosokomialer Infektionen, bei denen ein epidemischer Zusammenhang wahrscheinlich ist oder vermutet wird, als Ausbruch nichtnamentlich zu melden. Die Meldung nach Satz 1 hat gemäß § 8 Abs. 1 Nr. 1, 3 und 5, § 10 Abs. 1 Satz 3, Abs. 3 und 4 Satz 3 zu erfolgen.

§ 7
Meldepflichtige Nachweise von Krankheitserregern

(1) Namentlich ist bei folgenden Krankheitserregern, soweit nicht anders bestimmt, der direkte oder indirekte Nachweis zu melden, soweit die Nachweise auf eine akute Infektion hinweisen:

1. Adenoviren; Meldepflicht nur für den direkten Nachweis im Konjunktivalabstrich
2. Bacillus anthracis
3. Borrelia recurrentis
4. Brucella sp.
5. Campylobacter sp., darmpathogen
6. Chlamydia psittaci
7. Clostridium botulinum oder Toxinnachweis
8. Corynebacterium diphtheriae, Toxin bildend
9. Coxiella burnetii
10. Cryptosporidium parvum
11. Ebolavirus
12. a) Escherichia coli, enterohämorrhagische Stämme (EHEC)
    b) Escherichia coli, sonstige darmpathogene Stämme
13. Francisella tularensis
14. FSME-Virus
15. Gelbfiebervirus
16. Giardia lamblia
17. Haemophilus influenzae; Meldepflicht nur für den direkten Nachweis aus Liquor oder Blut
18. Hantaviren
19. Hepatitis-A-Virus
20. Hepatitis-B-Virus
21. Hepatitis-C-Virus; Meldepflicht für alle Nachweise, soweit nicht bekannt ist,

dass eine chronische Infektion vorliegt

22. Hepatitis-D-Virus
23. Hepatitis-E-Virus
24. Influenzaviren; Meldepflicht nur für den direkten Nachweis
25. Lassavirus
26. Legionella sp.
27. Leptospira interrogans
28. Listeria monocytogenes; Meldepflicht nur für den direkten Nachweis aus Blut, Liquor oder anderen normalerweise sterilen Substraten sowie aus Abstrichen von Neugeborenen
29. Marburgvirus
30. Masernvirus
31. Mycobacterium leprae
32. Mycobacteriumtuberculosis/africanum, Mycobacterium bovis; Meldepflicht für den direkten Erregernachweis sowie nachfolgend für das Ergebnis der Resistenzbestimmung; vorab auch für den Nachweis säurefester Stäbchen im Sputum.
33. Neisseria meningitidis; Meldepflicht nur für den direkten Nachweis aus Liquor, Blut, hämorrhagischen Hautinfiltraten oder anderen normalerweise sterilen Substraten
34. Norwalk-ähnliches Virus; Meldepflicht nur für den direkten Nachweis aus Stuhl
35. Poliovirus
36. Rabiesvirus
37. Rickettsia prowazekii
38. Rotavirus
39. Salmonella Paratyphi; Meldepflicht für alle direkten Nachweise
40. Salmonella Typhi; Meldepflicht für alle direkten Nachweise
41. Salmonella, sonstige
42. Shigella sp.
43. Trichinella spiralis..
44. Vibrio cholerae O 1 und O 139
45. Yersinia enterocolitica, darmpathogen
46. Yersinia pestis
47. andere Erreger hämorrhagischer Fieber.

Die Meldung nach Satz 1 hat gemäß § 8 Abs. 1 Nr.2, 3, 4 und Abs. 4, § 9 Abs. 1, 2, 3 Satz 1 oder 3 zu erfolgen.

(2) Namentlich sind in dieser Vorschrift nicht genannte Krankheitserreger zu melden, soweit deren örtliche und zeitliche Häufung auf eine schwerwiegende Gefahr für die Allgemeinheit hinweist. Die Meldung nach Satz 1 hat gemäß § 8 Abs. 1 Nr.2, 3 und Abs. 4, § 9 Abs. 2, 3 Satz 1 oder 3 zu erfolgen.

(3) Nichtnamentlich ist bei folgenden Krankheitserregern der direkte oder indirekte Nachweis zu melden:

1. Treponema pallidum
2. HIV
3. Echinococcus sp.

4. Plasmodium sp.
5. Rubellavirus; Meldepflicht nur bei konnatalen Infektionen
6. Toxoplasma gondii; Meldepflicht nur bei konnatalen Infektionen.

Die Meldung nach Satz 1 hat gemäß § 8 Abs. 1 Nr.2, 3 und Abs. 4, § 10 Abs. 1 Satz 1, Abs. 3, 4 Satz 1 zu erfolgen.

§ 8
Zur Meldung verpflichtete Personen

(1) Zur Meldung oder Mitteilung sind verpflichtet:

1. im Falle des § 6 der feststellende Arzt; in Krankenhäusern oder anderen Einrichtungen der stationären Pflege ist für die Einhaltung der Meldepflicht neben dem feststellenden Arzt auch der leitende Arzt, in Krankenhäusern mit mehreren selbständigen Abteilungen der leitende Abteilungsarzt, in Einrichtungen ohne leitenden Arzt der behandelnde Arzt verantwortlich,

2. im Falle des § 7 die Leiter von Medizinaluntersuchungsämtern und sonstigen privaten oder öffentlichen Untersuchungsstellen einschließlich der Krankenhauslaboratorien,

3. im Falle der §§ 6 und 7 die Leiter von Einrichtungen der pathologischanatomischen Diagnostik, wenn ein Befund erhoben wird, der sicher oder mit hoher Wahrscheinlichkeit auf das Vorliegen einer meldepflichtigen Erkrankung oder Infektion durch einen meldepflichtigen Krankheitserreger schließen lässt,

4. im Falle des § 6 Abs. 1 Nr. 4 und im Falle des § 7 Abs. 1 Nr. 36 bei Tieren, mit denen Menschen Kontakt gehabt haben, auch der Tierarzt,

5. im Falle des § 6 Abs. 1 Nr.1, 2 und 5 und Abs. 3 Angehörige eines anderen Heil- oder Pflegeberufs, der für die Berufsausübung oder die Führung der Berufsbezeichnung eine staatlich geregelte Ausbildung oder Anerkennung erfordert,

6. im Falle des § 6 Abs. 1 Nr. 1, 2 und 5 der verantwortliche Luftfahrzeugführer oder der Kapitän eines Seeschiffes,

7. im Falle des § 6 Abs. 1 Nr. 1, 2 und 5 die Leiter von Pflegeeinrichtungen, Justizvollzugsanstalten, Heimen, Lagern oder ähnlichen Einrichtungen,

8. im Falle des § 6 Abs. 1 der Heilpraktiker.

(2) Die Meldepflicht besteht nicht für Personen des Not- und Rettungsdienstes, wenn der Patient unverzüglich in eine ärztlich geleitete Einrichtung gebracht wurde. Die Meldepflicht besteht für die in Absatz 1 Nr. 5 bis 7 bezeichneten Personen nur, wenn ein Arzt nicht hinzugezogen wurde.

(3) Die Meldepflicht besteht nicht, wenn dem Meldepflichtigen ein Nachweis vorliegt, dass die Meldung bereits erfolgte und andere als die bereits gemeldeten Angaben nicht erhoben wurden. Satz 1 gilt auch für Erkrankungen, bei denen der Verdacht bereits gemeldet wurde.

(4) Absatz 1 Nr. 2 gilt entsprechend für Personen, die die Untersuchung zum Nachweis von Krankheitserregern außerhalb des Geltungsbereichs dieses Gesetzes durchführen lassen.

(5) Der Meldepflichtige hat dem Gesundheitsamt unverzüglich mitzuteilen, wenn sich eine Verdachtsmeldung nicht bestätigt hat.

§ 9
Namentliche Meldung

(1) Die namentliche Meldung durch eine der in § 8 Abs. 1 Nr. 1, 4 bis 8 genannten Personen muss folgende Angaben enthalten:

1.   Name, Vorname des Patienten
2.   Geschlecht
3.   Tag, Monat und Jahr der Geburt
4.   Anschrift der Hauptwohnung und, falls abweichend:
     Anschrift des derzeitigen Aufenthaltsortes
5.   Tätigkeit in Einrichtungen im Sinne des § 36 Abs. 1 oder 2; Tätigkeit im Sinne des § 42 Abs. 1 bei akuter Gastroenteritis, akuter Virushepatitis, Typhus abdominalis/Paratyphus und Cholera
6.   Betreuung in einer Gemeinschaftseinrichtung gemäß § 33
7.   Diagnose beziehungsweise Verdachtsdiagnose
8.   Tag der Erkrankung oder Tag der Diagnose, gegebenenfalls Tag des Todes
9.   wahrscheinliche Infektionsquelle
10. Land, in dem die Infektion wahrscheinlich erworben wurde; bei Tuberkulose Geburtsland und Staatsangehörigkeit
11. Name, Anschrift und Telefonnummer der mit der Erregerdiagnostik beauftragten Untersuchungsstelle
12. Überweisung in ein Krankenhaus beziehungsweise Aufnahme in einem Krankenhaus oder einer anderen Einrichtung der stationären Pflege und Entlassung aus der Einrichtung, soweit dem Meldepflichtigen. bekannt
13. Blut-, Organ- oder Gewebespende in den letzten sechs Monaten
14. Name, Anschrift und Telefonnummer des Meldenden
15. bei einer Meldung nach § 6 Abs. 1 Nr. 3 die Angaben nach § 22 Abs. 2.

Bei den in § 8 Abs. 1 Nr. 4 bis 8 genannten Personen beschränkt sich die Meldepflicht auf die ihnen vorliegenden Angaben

(2) Die narnentliche Meldung durch eine in § 8 Abs. 1 Nr. 2 und 3 genannte Person muss folgende Angaben enthalten:

      1. bis 10. ...

(3) Die namentliche Meldung muss unverzüglich, spätestens innerhalb von 24 Stunden nach erlangter Kenntnis gegenüber dem für den Aufenthalt des Betroffenen zuständigen Gesundheitsamt, im Falle des Absatzes 2 gegenüber dem für den Einsender zuständigen Gesundheitsamt erfolgen. Eine Meldung darf wegen einzelner fehlender Angaben nicht verzögert werden. Die Nachmeldung oder Korrektur von Angaben hat unverzüglich nach deren Vorliegen zu erfolgen. Liegt die Hauptwohnung oder der gewöhnliche Aufenthaltsort der betroffenen Person im Bereich eines anderen Gesundheitsamtes, so hat das unterrichtete Gesundheitsamt das für die Hauptwohnung, bei mehreren Wohnungen das für den gewöhnlichen Aufenthaltsort des Betroffenen zuständige Gesundheitsamt unverzüglich zu benachrichtigen.

    (4), (5) ...

§ 10
Nichtnamentliche Meldung

(1) Die nichtnamentliche Meldung nach § 7 Abs. 3 muss folgende Angaben enthalten:

1. im Falle des § 7 Abs. 3 Nr. 2 eine fallbezogene Verschlüsselung gemäß Absatz 2
2. Geschlecht
3. Monat und Jahr der Geburt
4. erste drei Ziffern der Postleitzahl der Hauptwohnung
5. Untersuchungsbefund
6. Monat und Jahr der Diagnose
7. Art des Untersuchungsmaterials
8. Nachweismethode
9. wahrscheinlicher Infektionsweg, wahrscheinliches Infektionsrisiko
10. Land, in dem die Infektion wahrscheinlich erworben wurde
11. Name, Anschrift und Telefonnummer des Meldenden
12. bei Malaria Angaben zur Expositions- und Chemoprophylaxe.

Der einsendende Arzt hat den Meldepflichtigen insbesondere bei den Angaben zu den Nummern 9, 10 und 12 zu unterstützen. Die nichtnamentliche Meldung nach § 6 Abs. 3 muss die Angaben nach den Nummern 5, 9 und 11 sowie Name und Anschrift der betroffenen Einrichtung enthalten.

(2) Die fallbezogene Verschlüsselung besteht aus dem dritten Buchstaben des ersten Vornamens in Verbindung mit der Anzahl der Buchstaben des ersten Vornamens sowie dem dritten Buchstaben des ersten Nachnamens in Verbindung mit der Anzahl der Buchstaben des ersten Nachnamens. Bei Doppelnamen wird jeweils nur der erste Teil des Namens berücksichtigt; Umlaute werden in zwei Buchstaben dargestellt. Namenszusätze bleiben unberücksichtigt.

(3) Bei den in § 8 Abs. 1 Nr. 3 und 5 genannten Personen. beschränkt sich der Umfang der Meldung auf die ihnen vorliegenden Angaben.

(4) Die nichtnamentliche Meldung nach § 7 Abs. 3 muss innerhalb von zwei Wochen gegenüber dem Robert Koch-Institut erfolgen. Es ist ein vom Robert Koch-Institut erstelltes Formblatt oder ein geeigneter Datenträger zu verwenden. Für die nichtnamentliche Meldung nach § 6 Abs. 3 gilt § 9 Abs. 3 Satz 1 bis 3 entsprechend.

(5) Die Angaben nach Absatz 2 und die Angaben zum Monat der Geburt dürfen vom Robert Koch-Institut lediglich zu der Prüfung verarbeitet und genutzt werden, ob verschiedene Meldungen sich auf dieselbe Person beziehen. Sie sind zu löschen, sobald nicht mehr zu erwarten ist, dass die damit bewirkte Einschränkung der Prüfungen nach Satz 1 eine nicht unerhebliche Verfälschung der aus den Meldungen zu gewinnenden epidemiologischen Beurteilung bewirkt, jedoch spätestens nach zehn Jahren.

5. Abschnitt
Bekämpfung übertragbarer Krankheiten

§ 24
Behandlung übertragbarer Krankheiten

Die Behandlung von Personen, die an einer der in § 6 Abs. 1 Satz 1 Nr. 1, 2 und 5 oder § 34 Abs. 1 genannten übertragbaren Krankheiten erkrankt oder dessen verdächtig sind oder die mit einem Krankheitserreger nach § 7 infiziert sind, ist insoweit im Rahmen der berufsmäßigen Ausübung der Heilkunde nur Ärzten gestattet. Satz 1 gilt entsprechend bei sexuell übertragbaren Krankheiten und für Krankheiten oder Krankheitserreger; die durch eine Rechtsverordnung auf Grund des § 15 Abs. 1 in die Meldepflicht einbezogen sind. Als Behandlung im Sinne der Sätze 1 und 2 gilt auch der direkte und indirekte Nachweis eines Krankheitserregers für die Feststellung einer Infektion oder übertragbaren Krankheit; § 46 gilt entsprechend.

15. Abschnitt
Straf- und Bußgeldvorschriften

§ 73
Bußgeldvorschriften

(1) Ordnungswidrig handelt, wer vorsätzlich oder fahrlässig

1. entgegen § 6 Abs. 1 oder § 7, jeweils auch in Verbindung mit einer Rechtsverordnung nach § 15 Abs. 1, eine Meldung nicht, nicht richtig, nicht vollständig oder nicht rechtzeitig macht,

2. entgegen § 6 Abs. 2, § 34 Abs. 5 Satz 1 oder § 43 Abs. 2 eine Mitteilung nicht, nicht richtig, nicht vollständig oder nicht rechtzeitig macht,

3. ....,

24. ....

(2) Die Ordnungswidrigkeit kann in den Fällen des Absatzes 1 Nr. 8, 9 und 21 mit einer Geldbuße

bis zu zweitausendfünfhundert Euro, in den übrigen Fällen mit einer Geldbuße bis zu fünfundzwanzigtausend Euro geahndet werden.

b) Gesetz zum Schutze der arbeitenden Jugend

(Jugendarbeitsschutzgesetz - JArbSchG)
- Auszug -§

§ 1
Geltungsbereich

(1) Dieses Gesetz gilt für die Beschäftigung von Personen, die noch nicht 18 Jahre alt sind,

1. in der Berufsausbildung,

2. als Arbeitnehmer oder Heimarbeiter,

3. mit sonstigen Dienstleistungen, die der Arbeitsleistung von Arbeitnehmern oder Heimarbeitern ähnlich sind,

4. in einem der Berufsausbildung ähnlichen Ausbildungsverhältnis.

(2) Dieses Gesetz gilt nicht

1. für geringfügige Hilfeleistungen, soweit sie gelegentlich

   a) aus Gefälligkeit,

   b) auf Grund familienrechtlicher Vorschriften,

   c) in Einrichtungen der Jugendhilfe,

   d) in Einrichtungen zur Eingliederung Behinderter erbracht werden,

2. für die Beschäftigung durch die Personensorgeberechtigten im Familienhaushalt.

§ 2
Kind, Jugendlicher

(1) Kind im Sinne dieses Gesetzes ist, wer noch nicht 14 Jahre alt ist.

(2) Jugendlicher im Sinne dieses Gesetzes ist, wer 14, aber noch nicht 18 Jahre alt ist.

(3) Jugendliche, die der Vollzeitschulpflicht unterliegen, gelten als Kinder im Sinne dieses Gesetzes.

§ 3
Arbeitgeber

Arbeitgeber im Sinne dieses Gesetzes ist, wer ein Kind oder einen Jugendlichen gemäß § 1 beschäftigt.

§ 4
Arbeitszeit

......

......

§ 5
Verbot der Beschäftigung von Kindern

(1) Die Beschäftigung von Kindern (§ 2 Abs. 1 und 3) ist verboten.

(2) Das Verbot des Absatzes 1 gilt nicht für die Beschäftigung von Kindern

1. zum Zwecke der Beschäftigungs- und Arbeitstherapie,

2. im Rahmen des Betriebspraktikums während der Vollzeitschulpflicht,

3. in Erfüllung einer richterlichen Weisung.

§ 6
Behördliche Ausnahmen für Veranstaltungen

......

....

§ 7
Mindestalter für die Beschäftigung

......

....

(1) Die Beschäftigung Jugendlicher unter 15 Jahren ist verboten.

(2) Jugendliche, die der Vollzeitschulpflicht nicht mehr unterliegen, aber noch nicht 15 Jahre alt sind, dürfen

1. im Berufsausbildungsverhältnis,

2. außerhalb eines Berufsausbildungsverhältnisses nur mit leichten und für sie geeigneten Tätigkeiten bis zu 7 Stunden täglich und 35 Stunden wöchentlich beschäftigt werden.

Weiterer Inhalt des Gesetzes:

VI. Unfallverhütungsvorschriften
- Hinweis -

Für die Unternehmen der Berufsgenossenschaft für Gesundheitsdienst und Wohlfahrtspflege gilt seit 1. Januar 2004 die neue

Unfallverhütungsvorschrift "Grundsätze der Prävention" (BGV A1).

Gleichzeitig mit der Inkraftsetzung der neuen BGV A1 wurden bundesweit insgesamt 47 andere Unfallverhütungsvorschriften der gewerblichen Berufsgenossenschaften außer Kraft gesetzt, darunter auch die Unfallverhütungsvorschrift "Gesundheitsdienst" (VBG 103).

Die neue BGV A1 ist die zentrale Basisvorschrift eines neu gestalteten berufsgenossenschaftlichen Vorschriftenwerks für die Prävention. Sie verzahnt das berufsgenossenschaftliche Satzungsrecht mit dem staatlichen Arbeitsschutzrecht.

Zu den wesentlichen Elementen der neuen BGV A1 zählen

— eine Anpassung der Grundlagenvorschrift an das Sozialgesetzbuch (SGB) VII,
— die Umsetzung des mit der Abwehr arbeitsbedingter Gesundheitsgefahren erweiterten Präventionsauftrags in das berufsgenossenschaftliche Satzungsrecht,
— ein Verzicht auf Wiederholungen von Vorschriften des staatlichen Arbeitsschutzrechts
— und die Straffung des berufsgenossenschaftlichen Vorschriftenwerks mit dem zusätzlichen Aspekt der Transparenzerhöhung.

Das neue Konzept der BGV A1 kommt ohne Detailvorschriften aus und stärkt damit die von Politik und Verbänden aktuell geforderte höhere Eigenverantwortung des Unternehmers für den betrieblichen Arbeitsschutz. Auch die Versicherten werden unmittelbar in die Pflicht genommen, den Unternehmer bei seinen Vorkehrungen für Sicherheit und Gesundheitsschutz am Arbeitsplatz zu unterstützen.

Weitere Informationen können bei der Berufsgenossenschaft für Gesundheitsdienst und Wohlfahrspflege, Pappelallee 35/37, 22089 Hamburg (Telefon (040) 2 02 07 - 0, Telefax (040) 2 02 07 - 525, www.bgw-online.de) eingeholt werden.

VII. Berufsgeheimnis

Strafgesetzbuch - Auszug -§

§ 203
Verletzung von Privatgeheimnissen

(1) Wer unbefugt ein fremdes Geheimnis, namentlich ein zum persönlichen Lebensbereich gehörendes Geheimnis oder ein Betriebs- oder Geschäftsgeheimnis, offenbart, das ihm als

1. Arzt, Zahnarzt, Tierarzt, Apotheker oder Angehörigen eines anderen Heilberufs, der für die Berufsausübung oder die Führung der Berufsbezeichnung eine staatlich geregelte Ausbildung erfordert, anvertraut worden oder sonst bekannt geworden ist, wird mit Freiheitsstrafe bis zu einem Jahr oder mit Geldstrafe bestraft.

....

....

(3) Den in Absatz 1 Genannten stehen ihre berufsmäßig tätigen Gehilfen und die Personen gleich, die bei ihnen zur Vorbereitung auf den Beruf tätig sind. Den in Absatz 1 und den in Satz 1 Genannten steht nach dem Tode des zur Wahrung des Geheimnisses Verpflichteten ferner gleich, wer das Geheimnis von dem Verstorbenen oder aus dessen Nachlass erlangt hat.

(4) Die Absätze 1 bis 3 sind auch anzuwenden, wenn der Täter das fremde Geheimnis nach dem Tode des Betroffenen unbefugt offenbart.

(5) Handelt der Täter gegen Entgelt oder in der Absicht, sich oder einen anderen zu bereichern oder einen anderen zu schädigen, so ist die Strafe Freiheitsstrafe bis zu zwei Jahren oder Geldstrafe.

§ 205
Strafantrag

(1) In den Fällen des § 201 Abs. 1 und 2 und der §§ 202 bis 204 wird die Tat nur auf Antrag verfolgt.

Strafprozessordnung

- Auszug -

§ 53

(1) Zur Verweigerung des Zeugnisses sind ferner berechtigt:

1.-2......

3. Rechtsanwälte, Patentanwälte, Notare, Wirtschaftsprüfer, vereidigte Buchprüfer, Steuerberater und Steuerbevollmächtigte, Ärzte, Zahnärzte, Apotheker und Hebammen

über das, was ihnen in dieser Eigenschaft anvertraut worden oder bekannt geworden ist;

4.-6......

(2) Die in Absatz 1 Nummern 2 und 3 Genannten dürfen das Zeugnis nicht verweigern, wenn sie von der Verpflichtung zur Verschwiegenheit entbunden sind.

§ 53 a

(1) Den in § 53 Abs. 1 Nr. 1 bis 4 Genannten stehen ihre Gehilfen und die Personen gleich, die zur Vorbereitung auf den Beruf an der berufsmäßigen Tätigkeit teilnehmen. Über die Ausübung des Rechtes dieser Hilfspersonen, das Zeugnis zu verweigern, entscheiden die in § 53 Abs. 1 Nr. 1 bis 4 Genannten, es sei denn, dass diese Entscheidung in absehbarer Zeit nicht herbeigeführt werden kann.

(2) Die Entbindung von der Verpflichtung zur Verschwiegenheit (§ 53 Abs. 2) gilt auch für die Hilfspersonen.

Zivilprozessordnung

- Auszug -

§ 383

(1) Zur Verweigerung des Zeugnisses sind berechtigt:

1.-5......

6. Personen, denen kraft ihres Amtes, Standes oder Gewerbes Tatsachen anvertraut sind, deren Geheimhaltung durch ihre Natur oder durch gesetzliche Vorschriften geboten ist, in betreff der Tatsachen, auf welche die Verpflichtung zur Verschwiegenheit sich bezieht.

(2) .....

(3) Die Vernehmung der unter Nr. 4 bis 6 bezeichneten Personen ist, auch wenn das Zeugnis nicht verweigert wird, auf Tatsachen nicht zu richten, in Ansehung welcher erhellt, dass ohne Verletzung der Verpflichtung zur Verschwiegenheit ein Zeugnis nicht abgelegt werden kann.

§ 385

(2) Die in § 383 Nr. 4, 6 bezeichneten Personen dürfen das Zeugnis nicht verweigern, wenn sie von der Verpflichtung zur Verschwiegenheit entbunden sind.

Ergotherapie Praxen

Bernd Pollack, Praxis für Ergotherapie, Louisenstr. 6 A, 01099 Dresden, Tel.: 0351/8022664

Praxis für Ergotherapie, Constanze Bergmann, 01109 Dresden-Klotzsche, Tel.: 0351/8893990, Fax: 03528/411546, www.ergotherapie-bergmann.de, info@ergotherapie-bergmann.de

Ergotherapie Manuela Petschel, Staatlich anerkannte Ergotherapeutin, Freiligrathstr. 6, 01157 Dresden
Tel.: 0351/4829044, Fax: 0351/4210202

Ergotherapiepraxis Deubener Strasse, W.Scholz + H. Theisinger, Deubener Str. 9, 01159 Dresden
Tel.: 0351/4178880, Fax: 0351/4178881, ergo-deubenerstrasse@dgn.de

Ergotherapie Manuela Petschel, Staatlich anerkannte Ergotherapeutin, Emil-Überall-Str. 14, 01159 Dresden
Tel.: 0351/4210301, Fax: 0351/4210202

Ergotherapie Manuela Petschel, Staatlich anerkannte Ergotherapeutin, Gaspar-David-Friedrich-Str. 12,
01217 Dresden, Tel.: 0351/4175090, Fax: 0351/4210202

Ergotherapie Matthias Geithner, Sachsenwerkstr. 71, 01257 Dresden
Tel.: 0351/2044659, Fax: 0351/2044689, www.dresden-ergotherapie.de, mail@mgeithner.de

Ergotherapie Matthias Geithner, Krenkelstr. 8, 01309 Dresden
Tel.: 0351/3121159, Fax: 0351/2044689, www.dresden-ergotherapie.de, mail@mgeithner.de

Praxis für Ergotherapie, Constanze Bergmann, An der Röderaue 4, 01454 Radeberg, Tel.: 03528/411546, Fax: 03528/411546, www.ergotherapie-bergmann.de, info@ergotherapie-bergmann.de

Praxis für Ergotherapie, Constanze Bergmann, 01471 Radeburg, Tel.: 0351/8893990, Fax: 03528/411546, www.ergotherapie-bergmann.de, info@ergotherapie-bergmann.de

Praxis für Ergotherapie, Constanze Bergmann, 01896 Pulsnitz, Tel.: 035955/71605, Fax: 03528/411546, www.ergotherapie-bergmann.de, info@ergotherapie-bergmann.de

Praxis für Ergotherapie, Sven Rieger, Bahnhofstr. 66, 03046 Cottbus
Tel.: 0355/78863824, Fax: 0355/7840661, Rieger Sven@aol.com

Pro Vitas Ergotherapie, Altenburger Str. 7, 04626 Schmölln, Tel.: 034491/56429

Praxis für Ergotherapie, Annett Zeitner & Karen Müller, Hallorenring 3a, 06108 Halle/Saale
Tel.: 0345/6869925, Fax: 0345/6869925

Praxis für Ergotherapie, Querfurt, Oberer Freimarkt 8, 06268 Querfurt
Tel.: 034771/73835, Fax: 034771/73835, ergotherapie-querfurt@onlinehome.de

Praxis für Ergotherapie, Eisleben, Bahnhofstr. 36, 06295 Lutherstadt Eisleben
Tel.: 03475/612767, Fax: 03475/667891, ergotherapie-eisleben@onlinehome.de

**Stahl Christian, Lindenstr. 2, 06311 Helbra, Tel.: 034772/26743, Fax: 034772/83681
www.ergotherapeut-stahl.de, Praxis@ergotherapeut-stahl.de**

Praxis für Ergotherapie, Sangerhausen 1, Bahnhofstr. 29, 06526 Sangerhausen
Tel.: 03464/579757, Fax: 03464/579759, ergotherapie-sangerhausen1@onlinehome.de

Praxis für Ergotherapie, Sangerhausen 2, Str. der Volkssolidarität 25, 06526 Sangerhausen
Tel.: 03464/277738, Fax: 03464/277739, ergotherapie-sangerhausen2@onlinehome.de

Praxis für Ergotherapie, Artern, Leipziger Str. 29, 06556 Artern
Tel.: 03466/324911, Fax: 03466/324911, ergotherapie-artern@onlinehome.de

Praxis für Ergotherapie, Bad Frankenhausen, Jahnstr. 2, 06567 Bad Frankenhausen
Tel.: 034671/62489, Fax: 034671/62489, ergotherapie-badfrankenhausen@onlinehome.de

Gesundheitszentrum Medipoint GmbH, Praxis für Ergotherapie, Berliner Str. 147-149, 07545 Gera
Tel.: 0365/7737130, Fax: 0365/7737134, www.medipoint-gera.de, ergo-gera@freenet.de

Ergotherapiepraxis Diana Heimann & H. Pohlmann, Gartenstr. 38, 07607 Eisenberg Thür., Tel.: 036691/57410

Ergotherapie-Praxis Konstanze Heyn, Eduard-Soermus-Str. 22, 08062 Zwickau, Tel.: 0375/7921950

Sylvia Scheller, Praxis für Ergotherapie, Neustädtler Str. 11, 08289 Schneeberg, Tel.: 03772/372316

Sternitzky GbR, Ergotherapie, Willy-Brandt-Ring 3, 08606 Oelsnitz, Tel.: 037421/27709

Sternitzky GbR, Ergotherapie, Johann-Christoph-Hilf-Str. 3, 08645 Bad Elster
Tel.: 037437/2088, Fax: 037437/2088

Praxis für Ergotherapie, Ines Eßbach, Lindenstr. 21, 08645 Bad Elster, Tel.: 037437/46262, Fax: 037437/46262

Ergotherapie Meyer, Theresenstr. 5, 09111 Chemnitz, Tel.: 0371/6446028

Pro Vitas Ergotherapie, Karl-Liebknecht-Str. 15-17a, 09111 Chemnitz, Tel.: 0371/449397

Pro Vitas Ergotherapie - Am Wasserturm, Professor-Willkomm-Str. 18, 09112 Limbach-Oberfrohna
Tel.: 03722/82189

Pro Vitas Ergotherapie ATR, Beckerstr. 16, 09120 Chemnitz, Tel.: 0371/382740

Pro Vitas Ergotherapie, Carl-von-Ossietzky-Str. 153a, 09127 Chemnitz, Tel.: 0371/7009640

Pro Vitas Ergotherapie, Behindertenhilfe, Lindenstr. 3, 09212 Limbach-Oberfrohna, Tel.: 03722/93030

Pro Vitas Ergotherapie, Chemnitzer Str. 82, 09322 Penig, Tel.: 037381/69031

Pro Vitas Ergotherapie, Schumannstr. 2-6, 09648 Mittweida, Tel.: 03727/969461

Ergotherapie Rudolf Schirle, Libauer Str. 10, 10245 Berlin, Tel.: 030/2922963, Fax: 030/2922850

**Ergotherapie Tania Gallardo / Sibylle Kerkow, Weimarische Str. 1 / Hildegardstr. 25, 10715 Berlin
Tel.: 030/85408980 / 85075786, Fax: 85103703, www.ergotherapie-gallardo.de, praxis@ergotherapie-gallardo.de**

Ergotherapie, Rothe, Christiane, Uhlandstr. 137, 10717 Berlin
Tel.: 030/2133638, Fax: 030/86420796, c.rothe@ergotherapie-rothe.de

**Ergotherapie Karina Daleske + Lisa Zimmermann, Bürknerstr. 9, 12047 Berlin
Tel.: 030/6916875, Fax: 030/69506725**

Ergotherapie Elke Sörensen, Tempelhofer Damm 129, 12099 Berlin, Tel.: 030/75707172, Fax: 75707537

Christine Rosenbohm, u. Elisabeth Voß-Franzen Ergotherapie, Manfred-von-Richthofen-Str. 219, 12101 Berlin
Tel.: 030/78095550, Fax: 030/78892175

P.Kristin Petermann-Jbouri, Praxis für Ergotherapie, Sponholzstr. 56, 12159 Berlin
Tel.: 030/85078475, Fax: 030/85078476, www.maunakea.de, post@maunakea.de

Ergotherapie Sigrid Görl, Roonstr. 22, 12203 Berlin, Tel.: 030/8344067, Fax: 030/8344068

Ergotherapie Gisela Wieser, Goerzallee 8 A, 12207 Berlin, Tel.: 030/8330783

Praxis für Ergotherapie, M. Lehmann, S. Pahde, H. Herig, Malteser Str. 178, 12277 Berlin
Tel.: 030/72323810, Fax: 72323815

Ergotherapie Katharina Krohn, Fürstenwalder Damm 477, 12587 Berlin, Tel.: 030/64091448

Ergotherapie Katharina Krohn, Allee der Kosmonauten 47, 12681 Berlin, Tel.: 030/5458533

Ergotherapie, Daniela Rosin, Warnitzer Str. 10, 13057 Berlin, Tel.: 030/96061609, Fax: 030/96061609

Ergotherapie Irene Witte, Berliner Str. 139, 13467 Berlin
Tel.: 030/4040040, Fax: 030/40540471, www.ergotherapie-witte.de

Therapie-Zentrum Waidmannslust GbR, Hanne-Behnke Gabriele u. Norman Liskovsky, Waidmannsluster
Damm 168, 13469 Berlin, Tel.: 030/4034700, Fax: 030/41939393, Therapiezentrum-Waidmannslust.de,
Gabriele.Hanne-Behnke@berlin.de

**Ergotherapie, Christine Laclé, Berliner Str. 25, 13507 Berlln, Tel.: 030/43657693, Fax: 030/43657694,
www.ergotherapie-reinickendorf.de, PraxisTegel@ergotherapie-reinickendorf.de**

Ergotherapie, Rothe, Christiane, Anhaltinerstr. 2a, 14163 Berlin
Tel.: 030/80903945, Fax: 030/80903046, c.rothe@ergotherapie-rothe.de

Ergotherapie Praxis Brast-Ehlers-Minning, Neustrelitzer Str. 109, 17033 Neubrandenburg
Tel.: 0395/3514921, Fax: 0395/3514922

Ergotherapie Praxis Brast-Ehlers-Minning, Steinstr. 19, 17039 Malchin, Tel.: 03994/239957

Ergotherapie Praxis Brast-Ehlers-Minning, Töpferwall 2a, 17207 Röbel/Müritz
Tel.: 039931/83891, Fax: 039931/83892

Praxis für Ergotherapie u. Musiktherapie Veronika Schulz, Heußweg 37, 20255 Hamburg
Tel.: 040/40188934, Fax: 040/40188978, www.ergo-schulz.de, verschulz@t-online.de

ergotherapie Therapiezentrum Wandsbek G. Weigel, Friedrich-Ebert-Damm 160 A, 22047 Hamburg
Tel.: 040/6936006, Fax: 040/6936030, www.therapiezentrumwandsbek.de

Ergotherapiepraxis, Heike Winnegge-Samulon, Alter Teichweg 61, 22049 Hamburg
Tel.: 040/69794851, Fax: 040/69794851, winnegge-samulon@freenet.de

Praxis für Ergotherapie, U. Hosse-Hartmann, Stormsweg 3, 22085 Hamburg
Tel.: 040/22695644, Fax: 040/22695553, www.hossehartmannergo.de, hosshart@web.de

Therapieteam Groß Borstel, Karin Lange, Michael Schönauer, Borsteler Chaussee 301, 22453 Hamburg
Tel.: 040/41918480, Fax: 040/41918470, www.therapieteam-hh.de

Ergotherapie Susanne Köpke, Therapeuten Team Blankenese, Blankeneser Landstr. 51-53, 22587 Hamburg
Tel.: 040/86642866, www.TherapeutenTeamBlankenese.de

**Ergotherapeutische Praxis, Elke Post, Arnoldstr. 59, 22763 Hamburg
Tel.: 040/3905097, Fax: 040/39906745, www.ergopraxis-elkepost.de, info@ergopraxis-elkepost.de**

**Ergotherapeutische Praxis, Elke Post, Max-Brauer-Allee 62-64, 22765 Hamburg
Tel.: 040/38616262, Fax: 040/38616810, www.ergopraxis-elkepost.de, info@ergopraxis-elkepost.de**

Praxis für Ergotherapie Renate Lüdorf, Tannenhofstr. 5, 22848 Norderstedt
Tel.: 040/52876480, Fax: 040/52876481, www.ergo-in-norderstedt.de, ergoteam-norderstedt@wtnet.de

Ergotherapie Ulrike Schwuchow, Kleinneudorf 6, 23715 Bosau
Tel.: 04527/1202, Fax: 04527/1245, www.ergofobi.de, Ulrike.Schwuchow@ergofobi.de

Ergotherapiepraxis Christiane Max-Westerhaus, Schuhstr. 19, 23758 Oldenburg
Tel.: 04361/494733, ergomax@aol.com

Ergotherapie Brücke gGmbH, Am Stadtsee 9, 24768 Rendsburg
Tel.: 04331/1323-0, Fax: 04331/132325, ergotherapie@bruecke.org

**Ergotherapie Guido Grewe, und Schreiber, Ronald, Moltkestr. 21, 24837 Schleswig
Tel.: 04621/25074, Fax: 04621/290047, guido.grewe@gmx.net**

Institut Jahn, Sprachheil- und Lernpädagogik, Ergotherapie und Logopädie, Solitüder Str. 78 C, 24944 Flensburg
Tel.: 0461/5009981, Fax: 0461/9091680, www.institut-jahn.de, institut-jahn@web.de

Ergotherapie-Praxis, Inh. Dagmar Oertel, Dorfstr. 2, 24963 Tarp, Tel.: 04638/210410, Fax: 04638/210411

**Marc Pfeiffenberger, Ergotherapie Praxis, Königstr. 11, 25335 Elmshorn
Tel.: 04121/291533, Fax: 04121/291534, www.ergo-pfeiffenberger.de, ergo-pfeiffenberger@gmx.de**

Ergotherapie Birgit Gehm-Forster, Timm-Kröger-Str. 4, 25524 Itzehoe
Tel.: 04821/3283, Fax: 04821/3285, ergo.iz@web.de

Ergotherapie Ergotherapeutische Praxis Gabriele Klima, Delbrückstr. 2, 25541 Brunsbüttel
Tel.: 04852/982107, Fax: 04852/982108, www.ergo-dithmarschen.de, ergo-dith@t-online.de

Ergo Dithmarschen Praxis für Ergotherapie, Esmarchstr. 50, 25746 Heide
Tel.: 0481/7889311, Fax: 0481/7889312, ergo-dithmarschen.de

**Ergotherapie Gary Speck, Rendsburger Str. 1 A, 25782 Tellingstedt
Tel.: 04838/704800, Fax: 04838/704800, www.ergotell.de, info@ergotell.de**

Praxis für Ergotherapie, F. Kruse und A. Bracklo, Alter Postweg 45 a, 26529 Marienhafe
Tel.: 04934/914416, Fax: 04934/914417, FolineKruse@aol.com

Ergotherapie Schneider-Demuth, B., Kanalstr. Süd 65, 26629 Großefehn
Tel.: 04943/200464, Fax: 04943/924493, schneider-dth@ewetel.net

Ergotherapie Buggenthin Heike, Oststr. 4 + Schulstr. 14, 26954 Nordenham
Tel.: 04731/871750+363975, Fax: 271726+363976

Ergotherapiepraxis, AWO Pflege gGmbH am Vilser Holz, Bergstr. 9, 27305 Bruchhausen-Vilsen
Tel.: 04252/3934410, Fax: 04252/393-1000, www.awopflege-vilsen.de, info@awopflege-vilsen.de

Praxis f.Ergotherapie Anne Meeßen im Therapiezentrum Blender, Blender Hauptstr. 28, 27337 Blender
Tel.: 04233/500

Ergotherapie Christa Baeßler, Bütteler Str. 2, 27568 Bremerhaven
Tel.: 0471/5010331, Fax: 0471/5010339, vita@nord-com.net

Ergotherapie am Deich, Köster & Sohège-Ohlenbusch, Motzener Dorfstr. 10, 27804 Berne
Tel.: 0421/671133-0, Fax: 0421/671133-0

Ergotherapie Judith Groth, Stader Str. 35, 28205 Bremen, Tel.: 0421/4992597, Fax: 0421/4992597

Ergotherapie PETER ZIMMERMANN, Ladestr. 10, 28844 Weyhe
Tel.: 0421/805323, Fax: 0421/8090940, Praxis-P.Zimmermann@t-online.de

Praxis f. Ergotherapie, Petra Heinrich, Wiesenstr. 1, 29221 Celle
Tel.: 05141/28977, Fax: 05141/901430, praxis@ergotherapie-heinrich.de

Ergotherapie, Ulrike Budde-Gilly, Wiesenstr. 1, 29336 Nienhagen
Tel.: 05144/5888, Fax: 05144/2428, buddegillyergotherapie-nienhagen.de

Ergotherapie, Heike Aevermann, Alewinstr. 26 B, 29525 Uelzen, Tel.: 0581/3893303, Fax: 0581/3893303

PLZ 3 | **Ergotherapie, Birgitt Auffahrt-Herzberg, Blumenhagenstr. 1, 30167 Hannover, Tel.: 0511/701626**

Praxis für Ergotherapie, Heike Paetzold, Loruper Weg 11, 30539 Hannover
Tel.: 0511/9524184, Fax: 0511/5445826, www.ergopraxen.de

Ergotherapie am Deister, Jane Schmidt, Marktstr. 47a, 30890 Barsinghausen
Tel.: 05105/514929, Fax: 05105/602686

Ergotherapiepraxen Kühnel & Partner, Ginsterweg 3, 31595 Steyerberg, Tel.: 05764/2665, Fax: 05764/2665

Die Praxis Ergotherapie & Körperarbeit, Reuter u. Bading-Hofmayer, Hamelner Str. 6a, 31832 Springe
Tel.: 05041/620780, Fax: 05041/620782, www.ergotherapie-springe.de, sona.andrea.reuter@ergotherapie-
koerperarbeit.de, marita.bading@ergotherapie-koerperarbeit.de

Ergotherapie J. Kiefer, Wiehenstr. 85, 32257 Bünde, Tel.: 05223/490460

Ergotherapie Agnes Stermann, Zum Nonnenstein 2, 32289 Rödinghausen
Tel.: 05746/911008, Fax: 05746/911008, Agnes.Stermann@t-online.de

Sinning, Praxis für Ergotherapie, Platanenallee 14, 34281 Gudensberg
Tel.: 05603/5491, Fax: 05603/9190971, www.ergosinnig.de

Jans-Christian Marschlich, Ergotherapie, Wilhelmstr. 3, 34466 Wolfhagen
Tel.: 05692/990109, Fax: 05692/990111, hanna.george@t-online.de

Ergotherapie-Praxis, Bachmann + Duba, Schöne Aussicht 1, 34596 Bad Zwesten, Tel.: 05626/9220260

Ressourcenhaus, Praxis für Ergotherapie und Logopädie Mechthild Pritá Trimborn, Pestalozzistr. 1, 35435 Wettenberg-
Wißmar, Tel.: 06406/76578, Fax: 06406/76579, www.ressourcenhaus.de, ergotherapie@ressourcenhaus.de

Susanne Hein, u. Alt Ulrike Ergotherapiepraxis, Heinestr. 4, 35452 Heuchelheim
Tel.: 0641/62509, Fax: 0641/6940629, Ergotherapie-heuchelheim@web.de

Böhm u. Krah u. Voigt, Ergotherapie Praxis, Friedenstr. 26, 35578 Wetzlar
Tel.: 06441/43689, Fax: 06441/926026, www.ergotherapie-wetzlar.de, info@ergotherapie-wetzlar.de

Ergotherapiepraxis, Astrid Obermayer, Wetzlarer Str. 14, 35630 Ehringshausen
Tel.: 06443/819732, Fax: 06443/812638, ergotherapie-obermayer.de

Silke Eckardt Ergotherapiepraxis, Braacher Str. 3, 36199 Rotenburg a. d. Fulda, Tel.: 06623/917991

Ergotherapie Johanna Kranitz, Ergotherapeutin, Georg-Dietrich-Bücking-Str. 20, 36304 Alsfeld
Tel.: 06631/3433, Fax: 06631/72135

Burkhard HAUFF, Praxis für Ergotherapie, Bühlstr. 26, 37073 Göttingen
Tel.: 0551/5311888, Fax: 0551/5311889, www.ergotherapie-hauff.de, ergotherapie-hauff@t-online.de

Ergotherapie, Paritätisches Sozialzentr., Zollstock 9 a, 37081 Göttingen
Tel.: 0551/9000815, Fax: 0551/9000819, www.pari-goe.de, ergo@pari-goe.de

Ergotherapie C. Schieffer, Kirchstr. 1, 37186 Moringen, Tel.: 05554/998668

SinnPHON, Ergotherapie & Logopädie, Wilhelmitorwall 6, 38118 Braunschweig
Tel.: 0531/1232665, Fax: 0531/1232667, www.sinnphon.de, kontakt@sinnphon.de

Ergotherapie, Rösner Kathrin, Lehmweg 56, 38518 Gifhorn
Tel.: 05371/18118, Fax: 05371/619216, www.ergotherapie-gifhorn.de

Dipl.-Päd. Dorle Brüll, Praxis für Sprachtherapie - Ergotherapie, Schäferkamp 11, 38536 Meinersen
Tel.: 05372/7345

PLZ 4 Institut für Ergotherapie GmbH & Co. KG, Leitung: Anke Selbach, Fürstenwall 99, 40217 Düsseldorf
Tel.: 0211/8308805, Fax: 0211/8308819, Institut-fuer-ergotherapie.de, selbach@institut-fuer-ergotherapie.de

Beate Hunfeld, Ergotherapie, Bilker Allee 57, 40219 Düsseldorf, Tel.: 0211/3981598

Ergotherapie Gänssmantel, Praxis, Birkenstr. 47, 40233 Düsseldorf
Tel.: 0211/9666844, www.gaenssmantel.net, Ergotherapie@gaenssmantel.net

Jutta Holz-Nauert, Praxis für Ergotherapie, Morper Allee 2, 40699 Erkrath
Tel.: 0211/9242877, Fax: 0211/2494358, Ergo.Holz-Nauert@t-online.de

Praxis für Ergotherapie Uta Bartel, Talstr. 3, 40822 Mettmann, Tel./Fax: 02104/286280

AGE ArbeitsGemeinschaft Ergotherapie, Praxis für Ergotherapie und Handrehabilitation, Rathenaustr. 6-8, 41061
Mönchengladbach, Tel.: 02161/466686-0, Fax: 02161/466686-9, www.mg-ergotherapie.de, info@mg-ergotherapie.de

> **Phönix Praxis, John Braakmann, Düsseldorfer Str. 10, 41749 Viersen**
> **Tel.: 02162/77086, Fax: 02162/785274, www.phoenix-praxis.de, info@phoenix-praxis.de**

Ergotherapeutische Praxis, Sonja Russo, Wallstr. 32, 42897 Remscheid, Tel.: 02191/660713, Fax: 02191/479520

> Ergotherapie Schlegtendal D., Sensit, Bildung & Beratung, Otto-Burrmeister-Allee 24, 45657 Recklinghausen
> Tel.: 02361/17306, Fax: 02361/17334, www.sensit-d-schlegtendal.de, sensit-d.schlegtendal@t-online.de

Praxis für Ergotherapie, Peters-Seeberg Birte, Bahnhofstr. 4, 45721 Haltern am See
Tel.: 02364/929330, Fax: 02364/929332

Birgit Kranefoer-das ergoteam-Waltrop, Bissenkamp 1-3, 45731 Waltrop
Tel.: 02309/73337, Fax: 02309/73919, www.das-ergoteam-waltrop.de, b.kranefoer@das-ergoteam-waltrop.de

> **Aurich-Kramer, U., Ergotherapiepraxis, Nienhofstr. 30, 45894 Gelsenkirchen**
> **Tel.: 0209/396670, Fax: 0209/396670**

Ergotherapie Aldiek u. Keimer, Krusenkamp 28, 45964 Gladbeck, Tel.: 02043/204085, Fax: 02043/204086

Ergotherapie Johannes Späker, Reha-Zentrum Velen, Ignatiusstraße 8, 46342 Velen
Tel.: 02863/4400, Fax: 02863/4418, www.ergo-spaeker.de, ergo-spaeker@onlinehome.de

Ergotherapie Johannes Späker, Rathausplatz 1, 46359 Heiden
Tel.: 02867/2230700, Fax: 02867/2230703, www.ergo-spaeker.de, ergo-spaeker@onlinehome.de

> **Ergotherapie Bergendahl, Wiesenstr. 63, 46535 Dinslaken**
> **Tel.: 02064/72819, Fax: 02064/770049, ergo.kaof@t-online.de**

Ergotherapie Sommerfeld + Rößler, Duisburger Str. 227, 47166 Duisburg, Tel.: 0203/548265

Christina Geiger, Praxis für Ergotherapie, Hoffmannallee 62, 47533 Kleve
Tel.: 02821/14317, Fax: 02821/978145, www.ergotherapie-geiger.de, info@ergotherapie-geiger.de

Ergotherapie REHA KREFELD-RK-GMBH, Geldernsche Str. 183, 47803 Krefeld, Tel.: 02151/7685-0

Ergotherapie, Meyer-Eppler Gundula, Im Eichengrund 10, 48329 Havixbeck
Tel.: 02507/4767, Fax: 02507/4767, GundulaME@gmx.de

Praxis für Ergotherapie, Ulrike Fischer, Bödekerstr. 37, 49356 Diepholz
Tel.: 05441/975122, www.ergo4you.de, mail@ergo4you.de

Praxis für Ergotherapie, Ulrike Fischer, Vandsburger Weg 5, 49448 Lemförde
Tel.: 05443/997620, www.ergo4you.de, mail@ergo4you.de

Ergotherapie Binder-Korscow Peter, Friedrichstr. 4-6, 49610 Quakenbrück, Tel.: 05431/904760

Ergotherapie Gerads + Hamers, Geschwister-Scholl-Str. 1, 50171 Kerpen
Tel.: 02237/53837, Fax: 02237/929537, www.ergotherapie-gerads.com, ergotherapiekeepen@t-online.de

Ergotherapie U. Blümbott-Görner, Hauptstr. 77, 50181 Bedburg, Tel.: 02272/81689

Praxis für Ergotherapie Engelbrecht u. Klein, Holzdamm 5 im EKZ, 50374 Erftstadt
Tel.: 02235/464029, www.ergotherapie-erftstadt.de, info@ergotherapie-erftstadt.de

Ergotherapie Uta Stickelmann, Käthe-Kollwitz-Weg. 7 a, 50374 Erftstadt
Tel.: 02235/67822, Fax: 02235/76416, www.ergotherapie-erftstadt.de, ergoUStickelmann@aol.com

Praxis für Ergotherapie Engelbrecht u. Klein, Gymnicher Hauptstr. 42, 50374 Erftstadt-Gymnich
Tel.: 02235/464029, www.ergotherapie-erftstadt.de, info@ergotherapie-erftstadt.de

Ergotherapie BJÖRN PUHL, Immermannstr. 26, 50931 Köln, Tel.: 0221/4060681, www.ergotherapie-koeln.de

Praxis für Ergotherapie, M. Sturm, Buchheimer Str. 61, 51063 Köln
Tel.: 0221/613210, Fax: 0221/9636537, sturm-koeln@t-online.de

Praxis für Ergotherapie Reith - Barde, Schloßstr. 60, 51429 Bergisch Gladbach, Tel.: 02204/425284

Ergotherapie KIEPS Klepper & Mennicken-Lentz, Steinweg 4, 52222 Stolberg
Tel.: 02402/765633, Fax: 0240/765634, ergotherapie-kieps@t-online.de

Ergotherapie Willi Müller, Aachener Str. 25, 52351 Düren, Tel.: 02421/17379

Ergotherapie Ergotherapeutische Praxis M. Gielen, Vogteistr. 16, 52511 Geilenkirchen, Tel.: 02451/9127939,
Fax: 02451/9127938, www.ergotherapie-geilenkirchen.de, mireille.gielen@ergotherapie-geilenkirchen.de

Praxis für Ergotherapie, A. Rottschäfer, Königstr. 65, 53332 Bornheim, Tel.: 02222/939771, Fax: 02222/939772

Ergotherapie, Leon M. u. Haben A., Markeeweg 12, 53340 Meckenheim
Tel.: 02225/706799, Fax: 02225/706799, 02225/76799

Zentrum f. Ergotherapie, Frankfurter Str. 127, 53773 Hennef, Tel.: 02242/5500, www.begriffen.de

Praxis für Ergotherapie Helenenstift, Bonner Str. 93, 53773 Hennef-Sieg
Tel.: 02242/882150, Fax: 02242/882106, ergotherapie@caritas-rheinsieg.de

Ergotherapie L. Eschholz, Markt 22, 53909 Zülpich, Tel.: 02252/309688

Ergotherapie, Regina Mertin, Ehdorfstr. 3, 53945 Blankenheim, Tel.: 02697/901049

Praxis für Ergotherapie, Christine Zidek, Suche Ergotherapeut/in mit Schwerpunkt Pädiatri (Schulkinder),
Teichstr. 4-6, 54595 Prüm, Tel.: 06551/980090

Ergotherapeutische Praxis, Christine Zidek, Dansfelder Höhe 2, 54595 Prüm-Dansfeld
Tel.: 06551/980091, Fax: 06551/980091, CZidek@t-online.de

Ergotherapie Bettina Paul, Ergotherapeutin, Im Vogelsang 1, 55450 Langenlonsheim
Tel.: 06704/2475, Fax: 06704/2475, ergolalo@aol.com

Ergotherapie Axel Steiner, Schenkendorfstr. 24, 56068 Koblenz
Tel.: 0261/38123, Fax: 0261/38123, axard@gmx.de

Praxis für Ergotherapie, Entspannungspädagogik, Brigitte Herrmann-Schwartzkopff, Marktstr. 51,
56564 Neuwied, Tel.: 02631/23939, Fax: 02631/358108, ergotherapie-zentrum@t-online.de

Roland Bechtel, Praxis für Ergotherapie, Marktstr. 3, 57078 Siegen, Tel.: 0271/84833, Fax: 0271/82964

Ergotherapie-Praxis Rainer Linkamp, Dambergstr. 51, 59069 Hamm, Tel.: 02385/941294

aktiverleben, Praxis f. Ergotherapie Bergkamen, Zentrumstr. 16, 59192 Bergkamen
Tel.: 02307/994768, 994769, peb@aktiverleben-nrw.de

Ergotherapie, Kirchner -Barsuhn Daniela, Friedhofstr. 1, 59329 Wadersloh
Tel.: 02520/931974, Fax: 02520/931970, d.kirchner-barsuhn@t-online.de

PLZ 6 **Anja Ritschel, Praxis für Ergotherapie, Am Tauben Rain. 9 a, 61169 Friedberg, Tel.: 06031/188226**

> **Ergotherapie Hofmann, Max-Planck-Str. 19, 61184 Karben**
> **Tel.: 06039/933999, Fax: 06039/933999, www.ergopraxis-hofmann.de, info@ergopraxis-hofmann.de**

Steffen Wörenkämper, Praxis für Ergotherapie, Heinrich-Sahm-Str. 23, 63110 Rodgau
Tel.: 06106/668599, Fax: 06106/668598, www.leben-im-gleichgewicht.com, info@leben-im-gleichgewicht.com

Ergotherapie Eva-Maria Eisenberg, Ergotherapeutin, Ober-Rodenerstr. 156, 63110 Rodgau
Tel.: 06106/71224, Fax: 06106/71224, ergotherapie_eisenberg@web.de

Martina Stumpf-Oubihi, Praxis für Ergotherapie, Eberstädterstr. 77, 64317 Pfungstadt
Tel.: 06157/808150, Fax: 06157/2808151, Martina.Stumpf@t-online.de

Ergotherapie, Gisela Eichhorn, Ergotherapeutin, Groß-Gerauer-Str. 17 a, 64347 Griesheim
Tel.: 06155/1272, Gisela.Eichhorn@web.de

Metzger, Berit Ulrike u. König, Andrea, Praxis für Ergotherapie, Tizianplatz 20, 64546 Mörfelden-Walldorf
Tel.: 06105/25199, Fax: 06105/25199

Beate Rupp, Praxis für Ergotherapie, Marktplatz 28, 65824 Schwalbach
Tel.: 06196/766877, Fax: 06196/766878, ergotherapie-rupp.de

Praxis für Ergotherapie & Handrehabilitation, Trees-Manser & Yachou-Espelage, Höchster Bahnstr. 4,
65929 Frankfurt, Tel.: 069/310055, Fax: 069/30059486, www.handtherapie-frankfurt.de,
info@handtherapie-frankfurt.de

Ergotherapie Barbara Eiden-Kreutz, Ergotherapeutische Praxis, Am Hirschberg, 66606 St. Wendel, Tel.: 06851/592140

> Praxis für Ergotherapie, - Doris Zens -, Marktplatz 3 a, 66869 Kusel
> Tel. / Fax: 06381/994454, ergotherapie.do-zens@t-online.de

Ergotherapie Mathien / Nikolaus, Landauer Str. 46, 66953 Pirmasens, Tel.: 06331/78785, Fax: 06331/78786

Ergotherapie Renate Lang, Pilgerstr. 27 a, 67069 Ludwigshafen, Tel.: 0621/656666, Fax: 0621/656969

Regina Hügler, Ergotherapie, Wallstadter Str. 3, 68526 Ladenburg, Tel.: 06203/924722

Martina Stumpf-Oubihi, Praxis für Ergotherapie, Hintergasse 11, 68649 Gross Rohrheim
Tel.: 06245/1719, Fax: 06245/29509, Martina.Stumpf@t-online.de

Ergotherapie Angelika Hatzner, Theodor-Heuss-Str. 51, 69181 Leimen
Tel.: 06224/82578, Fax: 06224/51413, www.ergopraxis-aha.de, angelika.hatzner@ergopraxis-aha.de

PLZ 7 Ergotherapie Krets, Leinenweberstr. 52, 70567 Stuttgart, Tel.: 0711/714747, Fax: 0711/7946628

M. und J. Widmann, Ergotherapiepraxis, Höhenstr. 3/1, 70736 Fellbach
Tel.: 0711/9527955, Fax: 0711/9527956, www.ergotherapie.widmann.de, ergotherapie.widmann@t-online.de

Ergotherapie Sabine Meissner, Ergotherapeutin, Maubacher Str. 82, 71522 Backnang
Tel.: 07191/71630, Fax: 07191/366585

Helga Wawrzinek, Praxis f. Reha & Früh. Ergotherapie Krankengymn. Logopädie, Esslingerstr. 11, 72072 Tübingen
Tel.: 07071/760666

Praxis für Ergotherapie A. Röhrbein u. U. Hinz, Französische Allee 4, 72072 Tübingen
Tel.: 07071/368245, a.roehrbein@gmx.de

Ergotherapie C. Ringlstetter, Am Bahnhof 6, 72218 Wildberg
Tel.: 07054/931336, Fax: 07054/931337, Mobil: 01746852091, ergopraxringlstetter@cw-net.de

Nora Wagner, Praxis für Ergotherapie, Ludwig-Jahn-Str. 16, 72250 Freudenstadt, Tel.: 07441/52200

Ergotherapie Christine Hubwieser-Gross, Bohlstr. 21, 72555 Metzingen
Tel.: 07123/200584, Fax: 07123/200585, www.ergotherapie-metzingen.de, info@ergotherapie-metzingen.de

Renate Hotzwik, Praxis für Ergotherapie, Ulmenweg 10, 73117 Wangen
Tel.: 07161/13143, Fax: 07161/2900560, ergo-hotzwik@t-online.de

Bellon M. u. Heske-Kazenwadel A., Praxis für Ergotherapie, Jesinger Str. 108, 73230 Kirchheim
Tel.: 07021/489133, Fax: 07021/489134

Praxis für Ergotherapie & Logopädie, Michael Jast, Im Kälblesrain 2, 73430 Aalen
Tel.: 07361/889460, Fax: 07361/889470

Praxis für Ergotherapie & Logopädie, Michael Jast, Aalener Str. 11, 73441 Bopfingen
Tel.: 07362/920696, Fax: 07362/920697

Ergotherapie A. Beyer, Marienstr. 8, 73479 Ellwangen
Tel.: 07961/2404, Fax: 07961/563637, www.ergotherapie-beyer.de

Praxis für Ergotherapie, Siegfried Baier, Weißensteiner Str. 26, 73525 Schwäbisch Gmünd
Tel.+Fax: 07171/65876, www.ergotherapie.baier.de, ergotherapie-baier@t-online.de

Ergotherapie Boris Toepler, und Plitzner-Matzka Klaus ergotherap. Praxis, Neckargartacher Str. 90,
74080 Heilbronn, Tel.: 07131/911488, www.praxisergotherapie.de, ergotherapie.hn@t-online.de

Ergotherapie Staab, An der Schanz 21, 74629 Pfedelbach
Tel.: 07941/959555, Fax: 07941/959556, ergo-staab@gmx.de

Ergotherapie Reinhild Ferber, Ergotherapeutische Praxis, Karl-Rausch-Str. 6, 74906 Bad Rappenau
Tel.: 07264/4075, Fax: 07264/205001, www.ergotherapie-ferber.de, r.ferber@ergotherapie-ferber.de

Ergotherapie HARALD FELLENZ, Neurolog. Psychiatrie, Pädiatrie, SI-Entwicklungsförderung+Reha,
Hohenstaufenstr. 34, 75177 Pforzheim, Tel./Fax: 07231/356933

Ergotherapie Andrea Salnikow, Königsbacher Str. 22, 75203 Königsbach-Stein
Tel.: 07232/13203, Fax: 07232/13203, www.ergotherapie-salnikow.de

Ergotherapie, Frühförderstelle Karlsruhe, Fasanenstr. 14, 76131 Karlsruhe
Tel.: 0721/93200-0, Fax: 0721/9320024, www.reha-suedwest.de, H.Karlstuhe@reha-suedwest.de

Ergotherapie, Sauerwein-Dillmann C., Bockstalstr. 33, 76327 Pfinztal, Tel.: 07240/5514, Fax: 07240/5514

Ergotherapie J. Durm, Alexanderstr. 2, 76448 Durmersheim, Tel.: 07245/82812

M. Zimmer, Praxis für Ergotherapie, Schillerstr. 16, 76870 Kandel
Tel.: 07275/913291, Fax: 07275/913292, ergo.m.zimmer@t-online.de

**Elisabeth Reicke-Freytag, Praxis für Ergotherapie, und Integrative Psychotherapie, Esperantostr. 12,
77704 Oberkirch, Tel.: 07802/701319, Fax: 07802/701320**

Ergotherapie Petra Bleich, Entwicklungsförd. u. Rehabilitation, Heidauffstr. 3, 77815 Bühl
Tel.: 07223/900220, Fax: 07223/944677, Bleich-Hatz@t-online.de

**Ergotherapie I. Fiedler, Am Markt 2, 77855 Achern
Tel.: 07841/280867, Fax: 07841/280867, ergofiedler@aol.com**

Ergotherapie Krehl S., Niederwiesenstr. 5, 78050 Villingen-Schwenninge
Tel.: 07721/992191, Fax: 07721/2060719, sylkrehl@gmx.de

Ergotherapie Ulrich Thiel, Espanstr. 75, 78054 Villingen-Schwenninge, Tel.: 07720/21918

Ergotherapie Heidi Lange, Ergotherapeutin, Tuttlinger Str. 7, 78333 Stockach, Tel.: 07771/5885

Ergotherapie-Praxis Flora-Laube Brigitte und Winfried Wagner-Sorg, Regentsweiler 4, 78351 Bodman-Ludwigshafen
Tel.: 07773/1581, Fax: 07773/7986

Ergotherapie Karoline Borchardt, u. Yorck Falkenhagen, Sautierstr. 27, 79104 Freiburg
Tel.: 0761/30366, Fax: 0761/274147

Ergotherapie, Leber U., Schlatter Str. 3 A, 79189 Bad Krozingen
Tel.: 07633/949765, www.ergotherapie-badkrozingen.de

Praxisgemeinschaft, Ergotherapie Östringer u. Maier, Freiburger Str. 314, 79539 Lörrach, Tel.: 07621/56400, Fax: 07621/56400, www.ergotherapie-maier-oestringer.de, abc.maier@web.de, ergooestringer@aol.com

Ergotherapie, Rannow S., Zeppelinstr. 30, 79540 Lörrach, Tel.: 07621/12901, Fax: 07621/12901

Ergotherapie, Hahn M., Zeppelinstr. 30, 79540 Lörrach, Tel.: 07621/1626826, Fax: 07621/12901

PLZ 8 Zentrale Praxis Ergotherapie u. Rehabilitation, Reinhard Branz u. Martin Natterer, Josephspitalstr. 7, 80331 München Tel.: 089/26949200, Fax: 089/26949201

Christine Reff-Richter, Ergotherapiepraxis, Forstenrieder Allee 59, 81476 München, Tel.: 089/757577

Petra Bautze, Ergotherapiepraxis, Rohrauerstr. 10, 81477 München, Tel.: 089/7855497

Praxis für Ergotherapie, Hildegard Sprenger, Innerer Stockweg 6, 82041 Oberhaching Tel.: 089/61305310, Fax: 089/61308310

Ute Beck, Ergotherapie, Hans-Sachs-Str. 25, 82152 Krailling Tel.: 089/8594591, Fax: 089/89979535, beckergo@t-online.de

Ergotherapie Hering Christian u. Bauer Sigrid, Bahnhofstr. 95, 82166 Gräfelfing, Tel.: 089/89892534

Dimmler Bettina, Praxis für Ergotherapie, Mühlfelder Str. 9, 82211 Herrsching Tel.: 08152/969310, Fax: 08152/989948, www.ergotherapie-dimmler.de

Wittmann Gertrud, Praxis für Ergotherapie, Heimstättenstr. 31, 82356 Förstenfeldbruck Tel.: 08141/358824, Fax: 08141/358823

Ergotherapiepraxisgemeinschaft Rau + Hubmann, Im Thal 1, 82377 Penzberg, Tel.: 08856/7921, Fax: 08856/800222

Claudia Blum Therapeutische Praxis GmbH, Ergotherapie, Familien- und Paarberatung, Für Erwachsene und Kinder, Mittenwalder Str. 42, 82467 Garmisch-Partenkirchen Tel.: 08821/969444, Fax: 08821/969445

Ergotherapie, Stelzer u. Schmerbeck, Gebhardtstr. 2 a, 82515 Wolfratshausen, Tel.: 08171/72989, Fax: 08171/488286

Daniela Pivetta, Praxis f. Ergotherapie, Marienplatz 9, 83043 Bad Aibling, Tel.: 08061/35200, Fax: 08061/35201

Mayer Regine, Ergotherapie, Hauptstr. 68, 83075 Bad Feilnbach Tel.: 08064/909256, Fax: 08064/905053, www.ergomayer.de, info@ergomayer.de

Mayer Regine, Ergotherapie, Bayrischzeller Str. 2, 83714 Miesbach Tel.: 08025/994841, Fax: 08025-994842, www.ergomayer.de, info@ergomayer.de

Ergotherapie-Team, Margot Brandl u. Margit Pickl, Rottalerstr. 1, 85049 Ingolstadt Tel.: 0841/481863, Fax: 0841/481965, www.ergotherapie-brandlpickl.de, praxis@ergotherapie-brandlpickl.de

Michael Fiedler, Praxis für Ergotherapie und Kinesiologie, Eichstätter Str. 4 a, 85110 Kipfenberg Tel.: 08465/3736, Fax: 08465/905750, ergoteam_ki@gmx.de

Ergotherapie Praxis P. Lacher, Obere Hauptstr. 36, 85354 Freising Tel.: 08161/938599, Fax: 08161/938599, ergotherapie-freising.de, praxislacher@yahoo.de

Kerstin Lenz, Ergotherapie - Praxis, Benno-Hauber-Str. 2, 85435 Erding Tel.: 08122/229220, Fax: 08122/540354

Ergotherapie Diebe u. Lackner, Maximilianstr. 9, 86150 Augsburg, Tel.: 0821/3491903, Fax: 0821/3491905

Ergotherapie Uwe Dudat, Schießgrabenstr. 16, 86150 Augsburg, Tel.: 0821/156280

Ergotherapie Manuela Schuster, Kobelweg 12 1/4, 86156 Augsburg, Tel.: 0821/401005

Ergotherapie Susanne Wachter, Liechtensteiner Str. 11, 87439 Kempten Tel.: 0831/85036, Fax: 0831/58096530, www.ergo-wachter.de, susa.wachter@gmx.de

> **Josef Ego, Ergotherapie, Westendstr. 9, 87439 Kempten Tel.: 0831/5127210, Fax: 08372/980981, jsfego@aol.com**

Kamperhoff Martina, Praxis für Ergotherapie, Rothenfelsstr. 1, 87509 Immenstadt Tel.: 08323/98129, Fax: 08323/98159, kamperhoff@t-online.de

Praxis für Ergotherapie, Brigitte Maibach, Sonnenstr. 2, 87527 Sonthofen
Tel.: 08321/787519, Fax: 08321/787624, www.ergotherapie-oberallgaeu.de, brigitte.maibach@t-online.de

Ergotherapie Keller-Kunigham, Klosterhof 3, 88239 Wangen, Tel.: 07522/6336

**Kornelia Flesch, Praxis für Ergotherapie, Brechenmacherstr. 10, 88250 Weingarten
Tel.: 0751/5699659, www.ergotherapie-flesch-weingarten.de**

Zentrum für Ergotherapie GmbH, Obere Vorstadtstr. 15, 88299 Leutkirch
Tel.: 07561/915512, Fax: 07561/915510, www.ergotherapie-zentrum.com, info@ergotherapie-zentrum.com

Ergotherapie M. Schwarz, Krummer Weg 36, 88400 Biberach
Tel.: 07351/579842, Fax: 07351/579845

Ergotherapeutische Gemeinschaftspraxis Greshake u. Mader, Bürgerstr. 16, 88410 Bad Wurzach
Tel.: 07564/5774, Fax: 07564/936637, jo_mader@web.de, astrid.Greshake@t-online.de

Ergotherapie Heike Schäffer, Uferstr. 8, 89522 Heidenheim a. d. Brenz
Tel.: 07321/273265, Fax: 07321/273265

Ergotherapie Ursula Eyer, Uferstr. 8, 89522 Heidenheim a. d. Brenz, Tel.: 07321/951650

PLZ 9 Ergotherapie im RTZ, Schweinauer Hauptstr. 12, 90441 Nürnberg
Tel.: 0911/96618-206, Fax: 0911/96618-244, www.rtz-nuernberg.de, info@rtz-nuernberg.de

NürnbergStift Ergotherapie, Veilhofstr. 34, 90489 Nürnberg
Tel.: 0911/231-6766, Fax: 0911/231-6777, www.nuernbergstift.de, ergonuest@gmx.de

Ergotherapie Erhard Beer, Harzstr. 4, 90491 Nürnberg, Tel.: 0911/5980399

Ergotherapie Frühförderung Kinderhilfe, Behandlungs- u. Beratungsstelle, Hofmannstr. 67, 91052 Erlangen
Tel.: 09131/208954, Fax: 09131/201117, www.behinderte-nuernberg.de, info@fruehfoerderung-erlangen.de

Ergotherapie Praxisgemeinschaft, Windschall und Kätzel, Schillerstr. 18, 91054 Erlangen
Tel.: 09131405584, Fax: 09131/530983

**Ergotherapeutische Praxis, Doris Engels, Penzendorfer Str. 29, 91126 Schwabach
Tel.: 09122/889422, Fax: 09122/889423, engels.ergotherapie@t-online.de**

Michael Fiedler, Praxis für Ergotherapie und Kinesiologie, Bahnhofstr. 7, 91171 Greding
Tel.: 08463/602526, Fax: 08465/905750, ergoteam_ki@gmx.de

Cornelia-Ulrike Huttner, Ergotherapie, Bahnhofstr. 11 A, 91257 Pegnitz, Tel.: 09241/70194

Ergotherapiepraxis Schmidt Hermann, Ludwig-Siebert-Str. 48, 91541 Rothenburg o d Tauber, Tel.: 09861/875640

Praxis für Ergotherapie & Logopädie, Michael Jast, Nördlinger Str. 12, 91550 Dinkelsbühl
Tel.: 09851/553100, Fax: 09851/553102

Praxis für Ergotherapie, Billepp Wera, Hensoltstr. 13, 91710 Gunzenhausen
Tel.: 09831/619798, Fax: 09834/975245

Ergotherapie I. Baudler, Landshuter Str. 15, 93047 Regensburg, Tel.: 0941/5676285, Fax: 0971/5676286

Ergotherapie Limpaecher Hannah und Kunst-u. Gestaltungstherapie, u. Stanitzki Rainer Ergo- u. Computergestütztes Hirnleist.training, Neupfarrplatz 15, 93047 Regensburg
Tel.: 0941/566891

Ergotherapiepraxis, Gabriele Baumer, Burgunderstr. 17, 93053 Regensburg, Tel.: 0941/7040473

Regenbogen, Praxis f. Ergotherapie u. Lebensberatung, Franz Lichtinger, Unterholzener Str. 6, 94360 Mitterfels
Tel.: 09961/942525, Fax: 09961/9425-26, praxis-regenbogen@t-online.de

Praxis für Ergotherapie + integrative Lerntherapie, Monika Reinhart, Graflinger Str. 23, 94469 Deggendorf
Tel.: 0991/3721510

**Barbara Wolfrum-Wienicke, Praxis für Ergotherapie, Gudrunstr. 7, 95233 Helmbrechts
Tel.: 09252/927427, Fax: 09252/927429, www.ergo-baerbel.de, praxis@ergo-baerbel.de**

Ergotherapie Ralf Löffler und Darina Borissowa, Bismarckstr. 12, 95444 Bayreuth, Tel.: 0921/66726

Hedi Dippold, Praxis für Ergotherapie, Im Blumenhof 27, 96135 Stegaurach
Tel.: 0951/55036, Fax: 0951/3020346, www.ergopraxis-bamberg.de, info@ergopraxis.bamberg.de

Steffania Nürnberger, Praxis für Ergotherapie, Sonnenstr. 21, 97072 Würzburg
Tel.: 0931/887592, Fax: 0931/887592, www.ergotherapie-nuernberger.de, snuern@t-online.de

Ergotherapie K. Czerannowski, Am Eselsbach 44, 97078 Würzburg
Tel.: 0931/2878212, Fax: 0931/2878213, Kathrin.cze@t-online.de

Ergotherapie Ergotherapeutische Praxis Angelika Welz, Gaibacher Str. 7, 97332 Volkach, Tel.: 09381/71151

Ergotherapie, Linsner Georg, Hauptbahnhofstr. 1, 97424 Schweinfurt, Tel.: 09721/805988

Anja Kayser, Praxis für Ergotherapie, Hügelgasse 16, 97711 Maßbach, Tel.: 09735/1715

Anke Frowein, Praxis für Ergotherapie, Korngasse 2, 97922 Lauda-Königshofen, Tel.: 09343/580201

Wilhelm Vorherr, Praxis für Ergotherapie, Klingener Str. 8, 97993 Creglingen
Tel.: 07933/203220, ergo@vorherr.de

Ergotherapie Kathrin Bamberger, Ludwig-Jahn-Str. 6a, 98693 Ilmenau
Tel.: 03677/463040, Fax: 03677/463041

Praxis für Ergotherapie, Erfurt I, W.-Külz-Str. 10, 99084 Erfurt
Tel.: 0361/2225544, Fax: 0361/2225544, ergotherapie-erfurt1@onlinehome.de

Praxis für Ergotherapie, Erfurt II, Magdeburger Allee 140, 99086 Erfurt
Tel.: 0361/5549337, Fax: 0361/5549337, ergotherapie-erfurt2@onlinehome.de

Ergotherapie Kathrin Bamberger, Ried 10, 99310 Arnstadt, Tel.: 03628/660880, Fax: 03628/6609686

Praxis für Ergotherapie, Weimar, Rießner Str. 39, 99427 Weimar
Tel.: 03643/854076, Fax: 03643/854076, ergotherapie-weimar@onlinehome.de

Praxis für Ergotherapie, Sömmerda, Bahnhofstr. 32, 99610 Sömmerda
Tel.: 03634/317937, Fax: 03634/317937, ergotherapie-soemmerda@onlinehome.de

Praxis für Ergotherapie, Kölleda, Marktplatz 6, 99625 Kölleda
Tel.: 03635/600755, Fax: 03635/600755, ergotherapie-koelleda@onlinehome.de

Praxis für Ergotherapie, Sondershausen, Vor dem Wippertor 1, 99706 Sondershausen
Tel.: 03632/603323, Fax: 03632/603323, ergotherapie-sondershausen@onlinehome.de

Praxis für Ergotherapie, Gotha, Mauerstr. 36a, 99867 Gotha
Tel.: 03621/401845, Fax: 03621/401845, ergotherapie-gotha@onlinehome.de

Praxis für Ergotherapie, Bad Langensalza, Lindenbühl 8/9, 99947 Bad Langensalza
Tel.: 03603/891260, Fax: 03603/894962, ergotherapie-badlangensalza@onlinehome.de

**Ergotherapiepraxis, Doris Ossenberg Engels, Thälmannstr. 1, 99974 Mühlhausen
Tel.: 03601/447122, Fax: 03601/447149, www.ergotherapie-muehlhausen.de, info@ergotherapie-doe.de**

Ergotherapie Schulen

PLZ 0

Staatlich genehmigte Berufsfachschule für Ergotherapie, Weiterbildungsakademie Dresden, Heidenauerstr. 23, 01259 Dresden, Tel.: 0351/2073440, Fax: 0351/2073441, www.wad.de, medinfo@wad.de

**Ergotherapieschule Meißen der Sozialpflegeschulen Heimerer GmbH, Bohnitzscherstr.14, 01662 Meißen
Tel.: 03521/47940, Fax: 03521/479499, meissen@heimerer.de**

Institut für Gesundheit und Soziales, Staatlich anerkannte und genehmigte Berufsfachschule für Ergotherapie - anerkannt von WFOT -, Melanchthonstr. 20, 01900 Großröhrsdorf
Tel.: 035952/2048-0, Fax: 035952/204820, www.igs-sachsen.de, info@igs-sachsen.de

TÜV-Privatschulzentrum - Europastadt Görlitz, Staatl. anerk. Berufsfachschule für Ergotherapie - Gemeinn. Ges.
TÜV Bildungswerk GmbH (Mitglied im VDES), Furtstr.3, 02826 Görlitz
Tel.: 03581/42150, Fax: 03581/421514, www.tuev-privatschulen.de, tues-ps-goerlitz@de.tuv.com

Berufsfachschule für Ergotherapie Bernd-Blindow-Schule, Comeniusstr. 17, 04315 Leipzig
Tel.: 0341/649080, Fax: 0341/6490834, www.blindow.de, leipzig@blindow.de

Staatl. anerk. Höhere Berufsfachschule f. Ergotherapie, d. IBKM gemeinnützigen Schulträger GmbH (Mitglied
im VDES, Zert. DVE u. WFOT), Am Bahnhof 12/13, 06577 Heldrungen
Tel.: 034673/760-0, Fax: 034673/760-31, www.IBKM-Schule.de, IBKM@IBKM-Schule.de

Staatlich anerkannte Berufsfachschule für Ergotherapie, Südring 129, 06667 Weißenfels
Tel.: 034463/700-52, www.mbz-bk.de, info@mbz-bk.de

MBA Medizinische Berufs-Akademie, Staatlich anerkannte Berufsfachschule für Ergotherapie,
Geschwister-Scholl-Str. 4, 06712 Zeitz
Tel.: 03441/271570, Fax: 03441/271579, www.mba-akademie.de, MBA-Zeitz@t-online.de

---

Staatl. anerk. Höhere Berufsfachschule f. Ergotherapie - Euro. Bildungszentrum Pößneck/ Orla, Saalfeldstr. 32-.34,
07381 Pößneck, Tel.: 03647/412487, Fax: 03647/4493021, www.eso.de, info@es.poessneck.eso.de

Staatl. Berufsbildende Schule II Bereich Medizin/Soziales, Plauensche Str. 2 a, 07973 Greiz
Tel.: 03661/47930, Fax: 03661/479322, www.sbb2greiz.de, sbbs2greiz@t-online.de

Vogtland-Akademie Plauen gGmbH, Neundorferstr. 206, 08523 Plauen
Tel.: 03741/70410, Fax: 03741/704120, www.vogtland-akademie-plauen.de, info@vogtlandakademie.de

PLZ 1

Schule für Ergotherapie, Regine Hildebrandt, Rudolf-Breitscheid-Str. 37, 16278 Angermünde
Tel.: 03331/297621, Fax: 03331/297623, mail@ergotherapie-angermuende.de

---

Grone Berufsfachschule Rügen, staatlich anerkannte private berufliche Schule,
Fachbereich Ergotherapie, Gingster Chausee 5, 18528 Bergen
Tel.: 03838/250628, Fax: 03838/250862, www.grone.de, geso.bergen@grone.de

---

PLZ 2 Berufsfachschule für Ergotherapie des Grone Bildungszentrums für Gesundheit- und Sozialberufe, Überseering
5-7, 22297 Hamburg, Tel.: 040/639053-14, Fax: 040/6390519, geso.hamburg@grone.de

EThIS ErgoTherapie-Institut Schleswig, staatl. anerk. Schule für Ergotherapie, Theaterstr. 4, 24837 Schleswig
Tel.: 04621/306967, Fax: 04621/306975, www.ethis.de, info@ethis.de

AGS Akademie für Gesundheits- und Sozialberufe, Schule für Ergotherapie, Langer Peter 27 b, 25524 Itzehoe
Tel.: 04821/7702-575, Fax: 04821/7702-589, www.ags-sh.de, info@ags-sh.de

Staatl. anerk. Schule f. Ergotherapie d. VGK Gyhum e. V., Hesedorfer Bahnhofstr. 6, 27404 Gyhum
Tel.: 04286/9267920, Fax: 04286/1669, www.schulzentrum-gyhum.de, Schulzentrum-gyhum@t-online.de

Berufsfachschule für Ergotherapie, (Zert. DVE u. WFOT) Staatl. anerk. Ersatzschule, Am Bahnhof 4,
29549 Bad Bevensen, Tel.: 05821/42062, Fax: 05821/3429, www.bfs-ergotherapie.de, bfs-ergotherapie@t-online.de

PLZ 3 Schulen Dr. Rohrbach, Schule für Ergotherapie, Heisenbergstr. 17, 30627 Hannover
Tel.: 0511/9568910, Fax: 0511/9568913, www.rohrbach-schulen.de, hannover@rohrbach-schulen.de

---

Hessen Akademie, Frankenstr. 42, 34131 Kassel
Tel.: 0561/9324293, Fax: 0561/9324294, www.Hessen-Akademie.de, info@Hessen-Akademie.de

---

Schule für Ergotherapie, Schwarzerden/Rhön e.V., 36129 Gersfeld-Bodenhof
Tel.: 06654/91844-0, Fax: 06654/91844-90, www.schwarzerden.de, info@schwarzerden.de

Schule für Ergotherapie IFBE med.GmbH -Die Schule für Berufe mit Zukunft, Schillerstr. 14 b+c, 37269 Eschwege
Tel.: 05651/74740, Fax: 05651/747410, eschwege@die-schule.de

PLZ 4 Akademie für Gesundheitsberufe gGmbH Wuppertal, Schule für Ergotherapeuten, Vogelsangstr. 106,
42109 Wuppertal, Tel.: 0202/2993701, Fax: 0202/2993715, www.afg-wuppertal.de

TERTIA T. u. C. GmbH u. Co. KG, Fachschule für Ergotherapie, Viersenerstr. 30, 47805 Krefeld
Tel.: 02151/397666, Fax: 02151/397622

Schule f. Ergotherapie Völkerschule, gemeinn. Schulverein e. V., Kollegienwall 12 c, 49074 Osnabrück
Tel.: 0541/27136, Fax: 0541/27859, www.voelker-schule.de, info@voelker-schule.de

Berufsfachschule f. Ergotherapie d. DAA im BW der DAG e.V., Südstr. 29a, 49084 Osnabrück
Tel.: 0541/97115-14, Fax: 0541/97115-99, www.daa-bw.de, annemarie.kadauke@daa-bw.de

ETOS Ergotherapieschule Osnabrück e.V., Freie Bildungseinrichtung am NLKH Osnabrück (Zert. DVE
u. WFOT), Senator-Wagner-Weg 2, 49088 Osnabrück
Tel.: 0541/33818-0 o.+13, Fax: 0541/3381818, www.etos-schule.de, sekretariat@etos-schule.de

IFBA gem. GmbH - Berufsschule für Ergotherapie, (Zert. DVE u. WFOT), Bismarckstr. 32, 49324 Melle
Tel.: 05422/94090, Fax: 05422/940912, www.die-schule.de, melle@die-schule.de

PLZ 5 Schule für Ergotherapie, Euro-Medizinal-Kolleg, Nagelstr. 10, 54290 Trier
Tel.: 0651/9756112, Fax: 0651/9756120, www.emk-trier.de, info@emk.trier.eso.de

Schule f. Ergotherapie IFBE med. GmbH medizinisch technisches Bildungszentrum (Mitglied im VDES), Bahnhofsweg 6,
56073 Koblenz, Tel.: 0261/47047, Fax: 0261/403825, www.die-schule.de, koblenz@die-schule.de

PLZ 6
Prof. König und Leiser Schulen für Ergotherapie (WFOT) und Logopädie,
Europaallee 1, 67657 Kaiserslautern
Tel.: 0631/36157-0, Fax: 0631/36157-29, www.koenigleiserschulen.de, sekretariat@koenigleiserschulen.de.

DOMUS THERAPIE, Staatl.anerkannte Schule für Ergotherapie, Wernher-v. Braun-Strasse 13, 69214 Heidelberg-
Eppelheim, Tel.: 06221/7635573, Fax: 06221/767540, Physiocum-Eppenheim@t-online.de

PLZ 7 Freie Ergotherapieschule Stuttgart, Grazer Str. 22, 70469 Stuttgart
Tel.: 0711/8567246, Fax: 0711/8560084, www.fobis.de, etschule@aol.com

SRH Fachschulen gGmbH, Staatl. anerk. Fachschule für Ergotherapie (Zert. DVE und WFOT), Butzstr. 2,
76307 Karlsbad, Tel.: 07202/913517, Fax: 07202/916177, www.srh.de/fachschulen, ergo.karlsbad@fachschulen.srh.de

SRH Klinikum Karlsbad Langensteinbach, Guttmannstraße 1, 76307 Karlsbad
Tel.: 07202/610, www.srh.de, info@kkl.srh.de

Schule für Ergotherapie (WFOT und DVE), IB-Medizinische Akademie, Schönauer Str. 4, 79115 Freiburg
Tel.: 0761/8967271, Fax: 0761/8967274, ergo.freiburg@med-akademie.de

PLZ 8 Berufsfachschule f. Ergotherapie d. Landeshauptstadt München im Anton-Fingerle-Bildungszentr., (WFOT),
Schliesserseestr. 47, 81539 München
Tel.: 089/23343750, Fax: 089/23343755, www.sozpaedfs.musin.de, bfs-ergotherapie@sozpaedfs.musin.de

Schule für Ergotherapie B.Blindow, Allmannsweilerstr. 102, 88046 Friedrichshafen
Tel.: 07541/50120, Fax: 07541/50123, www.blindow.de, fn@blindow.de

Ergotherapieschule Dr. Kiedaisch, Robert-Koch-Str. 52, 88339 Bad Waldsee
Tel.: 07524/912069, Fax: 07524/9153564, www.kiedaisch.de, ergoschule@kiedaisch.de

Diakonisches Institut für soziale Berufe, Schule für Ergotherapie Dornstadt, Bodelschwinghweg 30,
89160 Dornstadt, Tel.: 07348/9874-0, Fax: 07348/9874-30, info@di-dornstadt.de

PLZ 9 bfz gGmbH Erlangen, Berufsfachschule für Ergotherapie, Nägelsbachstr. 25a, 91052 Erlangen
Tel.: 09131/8954-54, Fax: 09131/895450, www.bfz.de, info@er.bfz.de

Berufsfachschule f. Ergotherapie Bad Neustadt / Saale, Schlossplatz 6, 97616 Bad Neustadt/Saale
Tel.: 09771/994609, Fax: 09771/685406, www.esb-bildung.de, kontakt@esb-bildung.de

Staatlich anerkannte Höhere Berufsfachschule fü Ergotherapie des DEB Thür. e.V. (WFOT-Anerkennung, Mitglied
im VDES), Weidbergstr. 10, 98527 Suhl
Tel.: 03681/308008, Fax: 03681/801703, www.deb.de, suhl@deb-gruppe.de

Staatl. gen. Höhere Berufsfachschule f. Ergotherapie der, DEB e.V. Akademie, Gesundheits- u. Sozialw. (Mitglied
im VDES), Buttelstedterstr. 90, 99427 Weimar
Tel.: 03643/4826-0, Fax: 03643/482615, www.deb.de, weimar@debev.de

Der Verband Deutscher Ergotherapieschulen e. V. (VDES) stellt sich vor:

Der Gründung des VDES geht die langjährige Geschichte der Ständigen Konferenz der Schul- und Ausbildungsleiter, später Schul- und Ausbildungsleiter/innenkonferenz

(SLK) genannt, voraus.

1993 beschlossen die Mitglieder der SLK, 30 Jahre nach der ersten Sitzung einen Verein zu gründen. Ausschlaggebend hierfür war der Wunsch nach mehr Verbindlichkeit, einer besseren Organisation und Finanzierbarkeit, Qualitätssicherung der Ausbildung durch Erlangung des DVE-Zertifikates und der WFOT-Anerkennung, und der Gedanke, als Verband ein offizielles Gremium (juristische Person) für Behörden darzustellen.

Am 11.11.1994 fand die Gründungsversammlung statt, auf der die Gründungsmitglieder die Verbandssatzung verabschiedeten und einen Vorstand wählten.

Dieser setzt sich zusammen aus: dem/der Vorsitzenden, dem/der Schatzmeister/in, dem/der Schriftführer/in und jeweils einem/einer Stellvertreter/in.

Am 27.12.1995 wurde der Verband in Berlin in das Vereinsregister eingetragen.

Am 26.01.1996 fand die erste Mitgliederversammlung statt, auf der der Vorstand für 4 Jahre gewählt wurde, die Stellvertreter/innen für 2 Jahre.

Dem Verband können beitreten: alle staatlich anerkannten oder staatlich genehmigten Schulen für Ergotherapie Deutschlands, bzw. deren Träger. Wird die Schule nicht als juristische Person Mitglied, besteht für die Schul- und Ausbildungsleiter/innen auch die Möglichkeit einer Einzelmitgliedschaft als natürliche Person.

Schulen, die dem VDES beitreten wollen, erhalten Informationen über den VDES, das letzte Sitzungsprotokoll, die Verbandssatzung, Beitrittserklärungen und die Möglichkeit einer einmaligen Teilnahme als Gast an einer Mitgliederversammlung.

Die Aufgaben des Vereins sind laut Satzung § 2 (1) vorwiegend:

a) Vertretung der Interessen seiner Mitglieder, mit Ausnahme wirtschaftlicher Interessen.

b) Ermöglichen eines regelmäßigen Meinungs- und Erfahrungsaustausches und der Zusammenarbeit der Schul- und Ausbildungsleiter/innen in allen ausbildungsrelevanten Fragen, zum Zwecke der Qualitätssicherung und der Weiterentwicklung der Ausbildung.

c) Zusammenarbeit mit dem Deutschen Verband der Ergotherapeuten e. V.

d) Darstellung von Schul- und Ausbildungsfragen in der Öffentlichkeit.

Inzwischen sind 98 der zur Zeit bestehenden Schulen dem VDES beigetreten.

Verband Deutscher Ergotherapie-Schulen e. V.
VDES-Geschäftsstelle
Thieschitzer Straße 42
07548 Gera

Tel.: 03 65 / 5 52 19 20
Fax: 03 65 / 4 34 69 25
e-mail: vdes-gst@t-online.de
Internet: www.VDES.de